Matthias Müller-Michaelis/
RA Ralf Wissbar

RECHT ALS MIETER

Die Grundlagen des Mietrechts für die tägliche Praxis

SÜDWEST

Hinweis für unsere Leser
Alle Angaben in diesem Buch wurden sorgfältig zusammengestellt und überprüft. Die Einschätzung rechtlicher Situationen und die daraus zu ziehenden Schlussfolgerungen sind aber immer von der genauen Lage und Kenntnis des Einzelfalls abhängig. Dies gilt insbesondere für die Übertragbarkeit der in diesem Buch zitierten Gerichtsentscheidungen auf andere Fälle. Verlag, Herausgeber und Autoren können deshalb keine Haftung übernehmen für Vermögensschäden oder rechtliche Nachteile.

Konzeption und Realisation: Livingston Media, Hamburg

Anmerkung der Redaktion
Diesem Buch liegt die im Juli 1996 in Wien beschlossene und ab 1.8.1998 verbindliche Neuregelung der deutschen Rechtschreibung zu Grunde.

Die Autoren
MATTHIAS MÜLLER-MICHAELIS ist Wirtschaftsjournalist und Autor einer Vielzahl von erfolgreichen Sachbüchern mit den Themenschwerpunkten Geld, Recht und Versicherungen. Bücher von ihm wurden in neun Sprachen übersetzt.

RALF WISSBAR schloss sein Jurastudium mit Prädikatsexamen ab. Spezialisiert auf Wirtschafts- und Verbraucherrecht arbeitet er seit vielen Jahren als Anwalt. Alle anderen Rechtsgebiete kennt er durch seine Tätigkeit als Repetitor, bei der er angehende Juristen auf ihr Examen vorbereitet.

2. Auflage 1998

Redaktion: Dr. Ruth Drost-Hüttl
Projektleitung: Gebhard Mosl
Redaktionsleitung: Dr. Reinhard Pietsch
Umschlaggestaltung: Till Eiden
Illustrationen: Eckhard Hundt, München
Herstellung: Dieter Lidl
DTP/Satz: Fotosatz Völkl, Puchheim
Gedruckt in Italien auf chlor- und säurefreiem Papier

ISBN 3-517-01876-7

Inhalt

VORWORT
IHR GUTES RECHT AUF EIN ZUHAUSE: VOM GESETZ BESONDERS GESCHÜTZT

Wird tatsächlich bei jeder zweiten Neuvermietung, zumindest in den Großstädten, ein unzulässig hoher Quadratmeterpreis verlangt? Ist wirklich jede zweite Nebenkostenabrechnung falsch – nämlich viel zu hoch und damit ein unzulässiger Griff in die Taschen der Mieter?
Seit Jahren streiten sich Mieterschützer und Hauseigentümer darüber, in welchem Umfang die Mieter gesetzeswidrig abkassiert werden. Gar keinen Streit aber gibt es darüber, dass Mieter oft in ungesetzlicher Weise, manchmal auch im Rahmen von Straftaten ausgebeutet werden. Und ein Blick auf die Sitzungspläne der Amts- und Landgerichte lässt schnell erkennen: Im Zivilrecht gibt es kaum einen anderen Bereich, in dem die Gerichte mit einer derartigen Prozessflut überschwemmt werden.
Erstaunlich ist das insofern, als nur ein kleiner Prozentsatz von Mietern seine Rechte tatsächlich mit aller Entschlossenheit durchsetzt. Nicht aus Gleichgültigkeit, sondern oft aus Unkenntnis verzichten viele darauf. Aus derselben Unkenntnis übrigens, aus der heraus manche Vermieter einfach die Miete verlangen, die der Markt hergibt – ungeachtet aller Wucherparagrafen.

Die eigene Wohnung ist eine wesentliche Voraussetzung für ein eigenständiges und selbstbestimmtes Leben.

Irrtümlicher oder absichtlicher Wucher – für den Mieter läuft es auf dasselbe hinaus: Er zahlt zu viel.

Dabei nimmt gerade das Mietrecht eine ganz besondere Stellung in unseren Gesetzen ein. Die Rechtsordnung geht nämlich davon aus, dass für jeden Menschen sein Zuhause, das Dach über dem Kopf, eine extrem wichtige Rolle spielt. Deshalb gibt es, im Vergleich zu anderen Mietverhältnissen, einige soziale Schutzbestimmungen bei Verträgen über die Wohnungsmiete. Sie betreffen u. a. die Mieterhöhung und die Kündigung des Mietvertrages.

Die gesetzliche Vorsorge geht so weit, dass, pauschal gesagt, sogar ein Mietverhältnis ohne schriftlichen Vertrag oft besser ist als eines mit schriftlichen Vereinbarungen. Denn die Mietverträge dienen oft nur dazu, die gesetzlichen Bestimmungen – zum Nachteil des Mieters – einzuschränken.
An Ihnen liegt es, diesen Schutz zu nutzen. Wir wollen Ihnen mit diesem Buch dabei helfen.

Die Autoren

Hinweise für die praktische Arbeit mit unseren Musterbriefen

Überall dort, wo in den Mustern drei Auslassungspunkte

...

vorgegeben sind, ist von Ihnen selbst etwas einzutragen.
(Der kursive Text in Klammern)
gibt Ihnen genaue Hinweise oder Beispiele für die einzusetzenden Passagen.
In vielen Mustern weist ein Sternchen

*

auf Textteile hin, die wahlweise zu verwenden sind: Meist trifft **genau einer** der mit * gekennzeichneten Textteile auf Ihren Fall zu. Suchen Sie sich ihn heraus, und lassen Sie den/die anderen mit * gekennzeichneten Textteil(e) entsprechend weg.
In seltenen Fällen trifft **keiner** der mit * gekennzeichneten Textteile auf Ihren Fall zu, d. h., Sie müssen alle mit * gekennzeichneten Textteile streichen. Falls **mehrere** mit * gekennzeichneten Textteile zutreffend sind, sollten Sie sie alle in Ihren Brief aufnehmen.
Alle Briefe sind der Einfachheit halber in der Ichform formuliert. Sind mehrere Personen Mieter und daher als Absender genannt, ist der Brief natürlich in der Wirform (ich → wir; mich → uns; mein → unser etc.) zu formulieren.

Hinweise zu den von uns zitierten Urteilen

Die Urteile, auf die in diesem Buch verwiesen wird, werden von uns in einer redaktionell überarbeiteten Kurzfassung wiedergegeben. Bei der notwendigen Beschränkung auf wenige Sätze kann sie

nicht alle Gesichtspunkte eines im Original mehrere Seiten umfassenden Textes berücksichtigen. Es kann deshalb im Einzelfall sinnvoll sein, das gesamte Urteil in voller Länge heranzuziehen.
Alle Urteile können unter Angabe der Aktenzeichen bei den Geschäftsstellen der jeweils genannten Gerichte im Original angefordert werden – gegen Erstattung der Schreib- bzw. Kopierkosten. Soweit bekannt, haben wir das Datum der Urteilsveröffentlichung angegeben, entweder als vollständiges Datum oder in Kurzform mit Hinweis auf Monat und Jahr, die dem Aktenzeichen nach dem Bindestrich angefügt sind.
Soweit es sich um Urteile handelt, die uns nicht direkt von Anwälten und Gerichten mitgeteilt wurden, sondern die bereits in der juristischen Fachliteratur abgedruckt wurden, sind als weitere Hilfe auch die Fundstellen angegeben. Dabei wird die Reihenfolge Medium, Veröffentlichungsjahr oder Band und Seitenzahl eingehalten. Die entsprechende Literatur ist in Universitäts- und Gerichtsbibliotheken, zum Teil auch in anderen großen Bibliotheken zugänglich. Die verwendeten Abkürzungen finden Sie im Abkürzungsverzeichnis auf Seite 173 erläutert.

Der Leser mag bei der Lektüre der Gerichtsurteile den Eindruck gewinnen, dass sich einige der Urteile widersprechen. Dies kann daran liegen, dass die Gerichte jeweils konkrete Einzelfälle mit umfangreichen Sachverhalten zu beurteilen haben, die hier schon aus Platzgründen nicht mit Details wiedergegeben werden können. Zu manchen Fragen ist die Rechtsprechung auch (noch) uneinheitlich.

Wohnungsvermittlung: Schon vor dem Einzug greifen die ersten Schutzvorschriften

Bei der Unausgewogenheit von Angebot und Nachfrage auf dem Wohnungsmarkt wird mit harten Bandagen gekämpft. Bei der Wohnungsvermittlung tut sich daher ein weites Tummelfeld für Leute auf, die nur kassieren wollen. Günstiger wäre es sicherlich, eine Wohnung selbst zu suchen, mit dem Vermieter direkt zu verhandeln. Doch oft muss der Wohnungssuchende in den sauren Apfel beißen und einen Makler einschalten.

Gerade weil der Verbraucher dann aber vor windigen Gesellen geschützt werden soll, wurde dieser Bereich erstmals 1971 im Gesetz zur Regelung der Wohnungsvermittlung geregelt. Oft kritisiert wird allerdings, dass bis heute nur geringe Anforderungen an denjenigen gestellt werden, der sich als Wohnungsvermittler betätigen will. Im Klartext: Jeder Hans und Franz kann sich einen Gewerbeschein holen und sich als „Makler" selbständig machen – wenn er nur ein paar minimale Anforderungen nach der Gewerbeordnung (§ 34 c) erfüllt, z. B. noch keinen Offenbarungseid abgelegt hat (eidesstattliche Versicherung über Vermögenslosigkeit) und über ihn keine Eintragungen im Gewerbezentralregister vorliegen. Jemand kann sich schon dann „Makler" nennen, wenn er auf Anfrage die Adressen von Maklern und möglichen Vermietern herausgibt, selbst wenn er diese Adressen einfach aus dem Telefonbuch herausgelesen hat.

Wann darf der Makler welches Honorar verlangen?

Eigentlich ist der Wohnungsvermittler ein armer Geselle:

Der Makler bekommt nur dann Geld, wenn er Erfolg hatte, d. h., wenn durch seine Tätigkeit wirklich ein Vertrag geschlossen wird.

Allgemeine Regeln für das Maklerhonorar

Das Maklerhonorar, die sogenannte Maklercourtage, muss dem abzuschließenden Vertrag angemessen, zumindest aber allgemein üblich sein. Was allgemein üblich ist, müssen die Maklerverbände u. a. den örtlichen Industrie- und Handelskammern mitteilen. Dort kann sich jeder erkundigen.

Das Gesetz begrenzt die Maklercourtage auf maximal zwei Monatsmieten zuzüglich der gesetzlichen Mehrwertsteuer.

Der Makler geht leer aus, wenn sich zwei Vertragspartner finden, ohne dass er dazu beigetragen hat.

Manchmal lässt sich der Makler einen „Alleinauftrag" versprechen. Das bedeutet, dass Sie ihm versprechen, keinen anderen Makler auf denselben Zielvertrag anzusetzen. Damit ist Ihnen jedoch nicht verboten, sich selbst um einen Vertrag zu bemühen. Kommt ein Vertrag ohne Tätigkeit des Maklers zustande, schulden Sie ihm kein Geld – es sei denn, Sie haben mit ihm für diesen Fall Aufwandsersatz vereinbart.
Einige Makler versuchen, dieses Risiko durch eine entsprechende Klausel im Kleingedruckten auszuschließen: Danach sollen Sie verpflichtet werden, den Vermittler in jedem Fall hinzuzuziehen, wenn Sie selbst einen geeigneten Partner finden. Versteckt sich eine solche Vereinbarung im Vertragsformular unter den allgemeinen Vertragsbestimmungen, dann ist sie unwirksam. Zwischen erfahrenen Händlern (Kaufleuten auf beiden Seiten) kann eine solche Vereinbarung natürlich individuell ausgehandelt werden und ist dann gültig.

Besonderheiten bei der Wohnungsvermittlung

- Wenn vereinbart ist, dass der Auftraggeber die Aufwendungen ersetzen soll, gilt das nur für den Fall des Misserfolgs. Hat der Makler Erfolg, sind seine Aufwendungen nur dann zu ersetzen, wenn der Makler Kosten nachweist, die höher sind als eine Monatsmiete der vermakelten Wohnung – sofern Aufwendungsersatz überhaupt vereinbart ist. Meist schließt der Maklerlohn auch die nötigen Aufwendungen des Maklers ein.
- Der Makler darf sich bei der Wohnungsvermittlung keine Vorschüsse versprechen lassen oder auch nur annehmen.

- Er bekommt vom Wohnungssuchenden nichts, wenn die vermietete Wohnung öffentlich gefördert worden ist oder aus anderen Gründen einer Preisbindung unterliegt. Wenn Sie eine solche Wohnung suchen, wird ein Makler selten helfen wollen.
- Der Makler geht auch dann leer aus, wenn er mit dem Eigentümer in einer wirtschaftlichen Verbindung steht, d. h. selbst Eigentümer oder auch nur an einer Firma beteiligt ist, der die vermietete Wohnung gehört oder von der sie verwaltet wird.
- Erst recht erhält der Makler kein Geld, wenn durch seine Tätigkeit ein bisher schon bestehender Mietvertrag fortgesetzt, verlängert oder erneuert wird.

Streit mit dem Makler: wichtige Urteile und Entscheidungen zu Einzelfällen

Abstandszahlung: Zu hohe Forderungen des Vormieters sind möglicherweise sittenwidrig

Wer als Privatmann von seinem Nachmieter Geld dafür verlangt, dass er ihn als Nachmieter vorschlägt oder den Kontakt zum Vermieter herstellt, darf dafür nicht übermäßig viel Geld verlangen. Auch wenn die Summe als „Abstandszahlung" getarnt ist: Der Vormieter hat keinen Anspruch auf 20.000 DM, die vor allem für die Vermittlung gezahlt werden sollen (OLG Frankfurt, 24.3.1993, Aktenzeichen 9 U 48/92, veröffentlicht in NJW-RR 1993, 975).

Adressenhandel: Dafür darf der Makler keinen Vorschuss verlangen

Wer einen Vorschuss dafür verlangt, dass er Makler- und Vermieteradressen bereitstellt, verstößt gegen das Wohnungsvermittlungsgesetz. Obendrein kann ein solches Verhalten auch noch als wettbewerbswidrig bestraft werden (KG Berlin, 11.3.1993, Aktenzeichen 25 U 5965/92).

Aufklärungspflicht: Verletzung macht Schadenersatzklage möglich

Wettbewerbswidrig handelt der Makler schon dann, wenn er seine Aufklärungspflichten nach § 6 Absatz 2 Wohnungsvermittlungsgesetz nur versehentlich verletzt. Nach diesem Gesetz muss eine Zeitungsanzeige beispielsweise erkennen lassen, dass der Makler nur als Vermittler tätig ist und wieviel die angebotene Wohnung insgesamt kosten soll. Verletzt der Makler diese Pflicht, kann man ihn auf Unterlassung und Schadenersatz verklagen (OLG Düsseldorf, 19.11.1992, Aktenzeichen 2 U 145/92, veröffentlicht in NJW-RR 1993, 618).

Belohnung: Auch der Vermieter darf kassieren
Der Vermieter darf von sich aus keine Vermittlungsgebühr verlangen. Hier aber hatte der Mieter in einer Zeitungsanzeige 300 DM versprochen. Dieses Angebot richtet sich an alle – auch an den Eigentümer der Wohnung. Das Wohnungsvermittlungsgesetz betrifft diese Situation nämlich nicht (AG Neustadt/Rübenberg, 8.2.1994, Aktenzeichen 27 C 2080/93).

Verspricht der künftige Mieter eine Belohnung, kann auch der Vermieter davon profitieren.

Beratung: Wohnungssuchende müssen nicht bezahlen
Wer Mieter in Fragen der Wohnungssuche berät, ohne dabei wirklich auch eine Wohnung zu vermitteln, darf dafür kein Geld nehmen. Ein Honorar steht nur dem erfolgreichen Makler zu. Die dazugehörige Beratung erbringt der Makler nebenbei, und auch er darf dafür kein Geld verlangen. Unter Umständen kann ein Beratungsvertrag sogar nichtig sein, weil er gegen ein gesetzliches Verbot verstößt (AG Ulm, 10.8.1993, Aktenzeichen 4 C 1047/93, veröffentlicht in WuM 1993, 680).

Eigentümervertretung: kein Honorar für den Makler
Sobald jemand gleichzeitig eine Wohnanlage verwaltet und für einzelne Wohnungen als Makler auftritt, sollte man näher hinsehen. Wird der sogenannte Makler öfter für die Eigentümer tätig, indem er sie beim Vertragsabschluss vertritt, ist er schon Verwalter im Sinne des Wohnungsvermittlungsgesetzes. Folge: Ihm steht kein Vermittlungshonorar zu (LG Düsseldorf, 25.9.1992, Aktenzeichen 20 S 77/92, veröffentlicht in NJW-RR 1993, 401).

Interessenkonflikt: Anschein genügt
Auch wer nur den Anschein erweckt, als Verwalter für einen Wohnungseigentümer tätig zu werden, darf nicht gleichzeitig als Mak-

ler für diese Wohnung auftreten. Grund: Ein Interessenkonflikt kann auch dann gegeben sein, wenn jemand nicht offiziell mit der Verwaltung beauftragt ist, tatsächlich aber die Interessen des Eigentümers wahrnimmt. Ein Makler verliert seinen Honoraranspruch schon dann, wenn es begründete Zweifel an seiner Unparteilichkeit zwischen Eigentümer und Mieter gibt (LG Nürnberg-Fürth, 30.10.1991, Aktenzeichen 11 S 5843/91, veröffentlicht in NJW-RR 1992, 1148).

Interessenkonflikt: Makler bekommt kein Honorar vom Mieter

Ist der Makler gleichzeitig als Verwalter tätig, steht ihm das Vermittlungshonorar nicht zu. Nur wenn die Verwaltungstätigkeit bloß eine untergeordnete Nebensache seines Hauptgeschäftes ist, darf er Geld verlangen. Sobald er aber Ansprechpartner für die Mieter ist und ihnen gegenüber alle Angelegenheiten des Eigentümers vertritt, ist diese Bedingung nicht mehr erfüllt. Ein solcher Makler ist kein neutraler Dritter zwischen Mieter und Vermieter. Folge: Der Makler darf kein Vermittlungshonorar verlangen (AG Freiburg/Breisgau, 1.10.1992, Aktenzeichen 3 C 2306/92, veröffentlicht in WuM 1993, 413; ebenso: LG Freiburg/Breisgau, 3.6.1993, Aktenzeichen 3 S 279/92, veröffentlicht in WuM 1993, 413).

Interessenkonflikt: nicht bei späterer Verwaltertätigkeit

Ist der Mietvertrag unter Dach und Fach, kann der Makler auch Verwalter der vermieteten Wohnanlage werden, ohne dadurch nachträglich sein Honorar zu riskieren. Zwar ist er normalerweise nicht mehr unparteiisch, wenn er gleichzeitig die Interessen des Eigentümers vertreten soll, doch ist der Auftrag des Mieters endgültig abgeschlossen und hat der Mieter seine neue Wohnung bezogen, kann er das Maklerhonorar nicht zurückbekommen (AG Elmshorn, 31.3.1992, Aktenzeichen 53 C 678/91, veröffentlicht in AIZ A 141 Bl 12).

Interessenkonflikt: Sohn des Eigentümers sollte nicht makeln

Gehört die vermittelte Wohnung dem Vater des Maklers, ist das ein möglicher Interessenkonflikt. Wenn der Vermittler diese Beziehung nicht offen legt, verliert er sein Honorar. Spätestens dann ist nämlich klar, dass der Makler hier nicht unparteiisch für den künftigen Mieter tätig geworden sein kann (AG Nidda, 14.5.1993, Aktenzeichen 1 C 787/92, veröffentlicht in WuM 1993, 412).

Interessenkonflikt: Wirtschaftliche Verflechtung zählt genauso

Ohne Honorar bleibt der Makler auch dann, wenn einer seiner Mitarbeiter für den Eigentümer des Mietobjekts als Verwalter tätig ist. Schon dann sind Vermittler und Eigentümer nämlich wirtschaftlich verflochten (LG Flensburg, 5.2.1993, Aktenzeichen 7 S 115/92, veröffentlicht in ZMR 1994, 20).

Interessenkonflikt: Übergabe durch Makler erweckt Anschein

Ist der Makler als Verwalter für den Eigentümer tätg, darf er kein Vermittlungshonorar nehmen. Sofern er diese Funktion auch dann noch ausfüllt, wenn der Mieter einzieht. Dabei kommt es nicht darauf an, was Eigentümer und Makler/Verwalter vereinbart haben, sondern nur auf den tatsächlichen Eindruck für den Mieter. Es reicht, wenn der Makler die Wohnung übergibt, denn das ist Sache des Eigentümers (AG Köln, 1.3.1993, Aktenzeichen 121 C 685/92, veröffentlicht in WuM 1993, 414).

Zeigt der Makler durch sein Verhalten, dass er auf der Seite des Vermieters steht, verliert er sein Honorar.

Interessenkonflikt: Zeitpunkt des Verwaltervertrages spielt keine Rolle

Ein Makler darf selbst dann kein Honorar für seine Tätigkeit verlangen, wenn er erst nach der Vermittlung zum Verwalter des Hauses bestellt wird. Dies gilt allerdings nur dann, wenn der Zeitraum zwischen Maklervertrag und der Bestellung zum Verwalter nicht wesentlich ist. Handelt es sich beispielsweise bloß um ein Vierteljahr, ist diese Bedingung erfüllt und der Makler geht leer aus (LG Tübingen, 13.5.1993, Aktenzeichen 1 S 344/92, veröffentlicht in MDR 1990, 156).

Maklerhonorar: Miete ist die Grundlage

Wie der Maklerlohn berechnet werden soll, ist Vereinbarungssache. Das Gesetz schreibt nicht vor, dass nur die Nettomiete als Grundlage genommen werden darf. Also kann der Makler auch verlangen, dass sein Honorar aus der Inklusivmiete errechnet wird – sofern das dem künftigen Mieter recht ist und er einem entsprechenden Maklervertrag so zugestimmt hat (OLG Frankfurt, 16.1.1992, Aktenzeichen 26 U 75/91, veröffentlicht in NJW-RR 1992, 1462).

Miete: „1200 DM kalt" ist irreführend
Bietet der Makler eine Wohnung an, muss er die Endmiete nennen. Schreibt er als Preis für die Wohnung lediglich „1200 DM kalt" in die Anzeige, ist das irreführend. Damit ist nämlich nicht deutlich, ob der Mieter sich anteilig an den gesamten Heizkosten der Wohnanlage beteiligen muss oder ob er eine individuelle Abrechnung vom Versorgungsunternehmen bekommt. Daher muss der Makler für eine solche irreführende Anzeige Schadenersatz leisten (Hanseatisches OLG in Bremen, 13.8.1992, Aktenzeichen 2 U 21/92, veröffentlicht in WuM 1993, 58).

Miete: „Kaltmiete" ist nicht irreführend
Wirbt der Makler für eine Wohnung, die monatlich einen bestimmten Betrag „Kaltmiete" kosten soll, ist das nicht irreführend. Eine allgemein gültige Bedeutung hat dieser Begriff zwar nicht, meist versteht man darunter jedoch den Betrag, der für die Wohnung ohne die verbrauchsabhängigen Kosten verlangt wird. Irreführend wäre der Begriff nur, wenn eine große Zahl von möglichen Interessenten – mindestens 10 bis 15 Prozent – darunter etwas anderes verstehen würde. Das ist aber nicht der Fall. Und der Kläger konnte es auch nicht beweisen – Pech gehabt (OLG Braunschweig, 25.6.1992, Aktenzeichen 2 U 41/92, veröffentlicht in WuM 1993, 59).

Wenn der Makler die Nebenkosten absichtlich nicht erwähnt, handelt er wettbewerbswidrig.

Miete: Makler muss Gesamtkosten nennen
Bietet ein Makler eine Mietwohnung an, muss in der Anzeige die Komplettmiete genannt werden, oder der Anzeigenleser muss zumindest erkennen können, dass die Wohnung mehr kostet als die Summe, die in der Anzeige genannt wird. Ein Hinweis auf Nebenkosten, die von den üblichen Versorgungsunternehmen verlangt werden, genügt. Wird dieser Hinweis absichtlich weggelassen, so muss der Makler einen entstandenen Schaden ersetzen (Schleswig-Holsteinisches OLG, 28.9.1993, Aktenzeichen 6 U 36/93).

Sozialwohnungen: Vermittlung ist honorarfrei

Makler, die gesetzlich geförderte Wohnungen vermitteln, bekommen kein Honorar von den Mietern. Natürlich lässt sich darüber streiten, was Sozialwohnungen in diesem Sinne sind. Wenn der Bau z. B. mit Mitteln nach § 88 d Absatz 2 des Zweiten Wohnungsbaugesetzes finanziert wurde, ist die fertige Wohnung kein öffentlich geförderter Wohnraum im Sinne des Wohnungsbaugesetzes. So steht es im Gesetz. Folge: Der Makler bekommt sein Honorar (AG Rotenburg/Wümme, 25.6.1992, Aktenzeichen 5 C 29/92, veröffentlicht in WuM 1993, 412).

Untermiete: gilt nicht als Mietvertrag

Kommt statt eines richtigen Mietvertrags nur ein Untermietverhältnis zustande, geht der Makler leer aus. Im Streit um Maklerhonorar für die Vermittlung eines Untermietverhältnisses entschied das Gericht: „Es fehlt die wirtschaftliche Identität zwischen dem in Aussicht genommenen Mietvertrag und dem tatsächlich abgeschlossenen (...) Untermietvertrag." Und da Makler nur bezahlt werden müssen, wenn sie Erfolg haben, gibt es kein Geld für den Vermittler (LG Münster, 3.7.1991, Aktenzeichen 1 S 31/91, veröffentlicht in NJW-RR 1992, 54).

Vertrag gescheitert: Ist der Vermieter schuld, muß er den Makler zahlen

Ist die Wohnung nicht im vereinbarten Zustand, kann man schon vor dem Einzug kündigen. Der Vermieter muss dann auch den Makler bezahlen. Im vorliegenden Fall hatte der Vermieter eine Renovierung versprochen, sie aber bis zum Einzugstermin nicht durchgeführt. Selbst eine deutliche Mahnung des Mieters blieb ohne Ergebnis. Also zog der neue Mieter nicht ein. Der Vermieter musste daraufhin alle Mehrkosten ersetzen, inklusive Maklercourtage und Anwaltsgebühren (LG Köln, 27.5.1992, Aktenzeichen 10 S 41/92, veröffentlicht in NJW-RR 1993, 524).

Vorschüsse: Makler darf sie weder verlangen noch annehmen

Ein Wohnungsvermittler darf sich keine Vorschüsse versprechen lassen oder auch nur annehmen (KG Berlin, 26.3.1992, Aktenzeichen 25 U 7130/91, veröffentlicht in AIZ A 150 Bl 2).

MIETVERTRAG: SPIELREGELN SCHWARZ AUF WEISS

WELCHE ANGABEN UND VEREINBARUNGEN KANN DER MIETVERTRAG ENTHALTEN, WELCHE MUSS ER ENTHALTEN?

Grundsätzlich herrscht beim Abschluss eines Mietvertrages Vertragsfreiheit. Abweichungen von den gesetzlichen Bestimmungen zum Mietrecht (§ 535 bis § 580 BGB und MHG) sind im Prinzip also möglich. Zunächst aber gehören natürlich scheinbar ganz banale Angaben sowie wichtige Vereinbarungen in den Vertrag. Unbedingt zu erwähnen sind:

- Name und Adresse des Mieters und des Vermieters
- genaue Anschrift der Wohnung mit Angabe von Etage und Seite
- Mitbenutzung von Gemeinschaftsräumen und -plätzen (Keller, Boden, Fahrradschuppen, Wasch- und Trockenräume, Spielplatz etc.)
- Beginn des Mietverhältnisses
- Mietpreis
- Art und Höhe der Nebenkostenvorauszahlungen
- Größe und Ausstattung der Wohnung

Je detaillierter der Vertrag auf Einzelheiten eingeht, desto weniger Konfliktstoff kann später auftauchen.

Zwar kann man es auch übertreiben mit der Nennung von Einzelheiten, aber zumindest sollte darüber hinaus auch festgehalten werden,

- was bezüglich der Kaution vereinbart wird (siehe unten),
- ob Tierhaltung erlaubt ist,
- wann die Heizperiode beginnt und endet,
- wie viele Schlüssel übergeben werden,
- wann Schönheitsreparaturen erfolgen sollen,
- ob und welche Veränderungen Mieter oder Vermieter vereinbaren,
- in welchem Zustand sich die Wohnung bei Übernahme befindet. Es empfiehlt sich, ein Übergabeprotokoll, das Bestandteil des Mietvertrages ist, anzufertigen.

Manche der eben genannten Punkte werden in der Hausordnung geregelt. Sie gehört grundsätzlich zum Vertrag und ist ebenso verbindlich.

Trotz allgemeiner Vertragsfreiheit dürfen allerdings einige mietrechtliche Bestimmungen nicht außer Kraft gesetzt werden. In den entsprechenden Vorschriften kommt der soziale Aspekt zum Ausdruck, der die sonst gewährten Eigentümerrechte zugunsten der berechtigten Interessen des Mieters einschränkt.
Im Wesentlichen werden folgende Bereiche geregelt:

- Aufrechnung oder Zurückbehaltung der Miete in bestimmten Fällen (siehe Seite 48ff.)
- der Kündigungsschutz
- fristlose Kündigung des Mieters in bestimmten Fällen
- fristlose Kündigung des Vermieters in bestimmten Fällen
- die Miethöhe
- Höhe, Verzinsung und Fälligkeit der Kaution
- Kündigung des Mieters bei unbefristeten Mietverträgen zu jedem Monatsletzten bei Wahrung der Fristen
- Mitnahme von vom Mieter eingebauten Einrichtungen, sofern es keinen angemessenen Ausgleich geben soll
- Recht auf Mietminderung
- Recht auf Untervermietung bei berechtigtem Interesse
- gewerbliche Zwischenvermietung von Wohnraum
- Rückzahlung der über die Mietdauer hinaus entrichteten Miete
- Vorkaufsrecht des Mieters bei Umwandlung in Eigentumswohnungen
- Wahlmöglichkeit der Familienangehörigen, die mit dem verstorbenen Mieter zusammengelebt haben, ob sie die Wohnung behalten wollen oder nicht.

Welche Rechte haben Sie in Sachen Kaution?

Höchstzulässig darf der Vermieter bei Vertragsabschluss drei Monatsmieten (Kaltmiete) als Mietsicherheit fordern. Dieses Geld muss er

- getrennt von seinem persönlichen Vermögen und
- verzinst

anlegen. Die Zinsen aus der Kaution stehen allein dem Mieter zu. Sie werden jedoch nicht während der Mietzeit ausgezahlt, sondern erst dann, wenn die Kaution zurückgezahlt wird (siehe auf Seite 144). Außerdem hat der Mieter keinen Anspruch auf besondere Anlageformen, die ein Maximum an Zinsen garantieren. Der Vermieter ist nur verpflichtet, eine Anlage zum Sparbuchzins zu wählen.

Obwohl die Verzinsung erst seit 1983 gesetzlich geregelt ist, haben auch Mieter mit älteren Mietverträgen ohne Verzinsungsklausel darauf Anspruch.

Nur in den Fällen, in denen ein Altmietvertrag ausdrücklich eine unverzinste Kaution erwähnt, kann der Mieter keine Zinsen verlangen.

Sonderform: Untermiete

Grundsätzlich zählt ein Untermietvertrag genauso wie ein ganz normaler Mietvertrag. Allerdings gibt es gewisse Einschränkungen bei Kündigungsschutz und -fristen. Die Besonderheit eines Untermietvertrags besteht darin, dass er nicht mit dem Eigentümer der Wohnung abgeschlossen wird, sondern mit dem Besitzer, d. h. mit dem Hauptmieter der Wohnung. Dabei handelt es sich um eine (teilweise) Überlassung der Mietsache an Dritte, die normalerweise genehmigungspflichtig ist.

Derjenige, der untervermieten will, sollte tunlichst eine Genehmigung vom Vermieter einholen. Tut er das nicht, kann das ein Grund zur Kündigung sein. Das wäre nämlich eine unerlaubte Überlassung an Dritte.

Allerdings kann der Vermieter die Untervermietung normalerweise nur dann ablehnen, wenn

- in der Person des Untermieters ein wichtiger Grund liegt,
- die Wohnung dann überbelegt wäre oder
- die Untervermietung aus anderen Gründen für den Vermieter nicht zumutbar ist.

Erteilt der Vermieter die Erlaubnis, kann er eine angemessene Mieterhöhung verlangen.

Doch selbst dann, wenn der Vermieter seine Zustimmung verweigert, muss der Untervermieter einen bereits geschlossenen Vertrag gegenüber dem Untermieter einhalten. Der Eigentümer kann den Untermieter auch nicht ohne weiteren Grund aus der Wohnung werfen, und ebensowenig kann der Untermieter gegen den Eigentümer Ansprüche geltend machen. Aber:

Zwischen Eigentümer und Untermieter gibt es keinerlei vertragliche Bindung.

Endet das Mietverhältnis zwischen Eigentümer und Mieter, muss auch der Untermieter räumen.

Sofern der Mieter schuldhaft das Ende des Mietverhältnisses herbeigeführt hat, kommt eventuell ein Schadenersatzanspruch des Untermieters gegen den Hauptmieter in Frage.
Handelt es sich um öffentlich geförderten Wohnraum, darf der Hauptmieter die Miete für den Untermieter nicht beliebig bestimmen, sondern muss sie anteilig im Verhältnis zur vermieteten Wohnfläche festlegen. Bei der Berechnung zählen gemeinsam genutzte Räume (Flur, Badezimmer, Küche etc.) nicht.

✉ Musterbrief: Information des Vermieters über geplante Untervermietung

Absender … *(alle im Vertrag als Mieter genannten Personen)*

Datum …

Einschreiben/Rückschein
An den Vermieter …

Untervermietung in der Mietwohnung …
(genaue Beschreibung, Straße, Hausnummer, Etage)

Sehr geehrte Damen und Herren,

ich beabsichtige, Teile der von mir gemieteten Wohnung unterzuvermieten. Untervermietet werden sollen … *(Flächen oder Räume beschreiben).* Hierzu erbitte ich Ihre Zustimmung.

Ich habe an der Untervermietung ein berechtigtes Interesse, weil
* ich nach der Trennung von meinem Lebensgefährten die Miete allein aufbringen muss und die daraus resultierende Belastung durch eine Untervermietung leichter zu tragen sein wird, eine Aufgabe der Wohnung für mich aber nicht diskutabel ist, weil ich hier meinen Lebensmittelpunkt gefunden habe.
* ich sehr oft auf Geschäftsreise bin und die Wohnung deshalb nur eingeschränkt nutzen kann, zugleich aber sicherstellen möchte, dass die Wohnung auch während meiner längeren Abwesenheit ständig bewohnt ist.
* ... *(andere, eigene Begründung).*

Bei dem Untermieter handelt es sich um ... *(vollständigen Namen unter Voranstellung von Frau oder Herrn sowie Anschrift desjenigen angeben, an den Sie untervermieten wollen).*

Der Untermietvertrag wird
* entsprechend Ihren Wünschen gestaltet, hierzu erbitte ich Hinweise.
* so gestaltet, dass eine Fortdauer des Untermietverhältnisses über das Ende des Hauptmietverhältnisses hinaus ausgeschlossen ist.

Ich darf Sie bitten, Ihre Zustimmung zu erteilen. Für Rückfragen stehe ich Ihnen gern auch telefonisch tagsüber unter der Rufnummer ... zur Verfügung.

Mit freundlichen Grüßen
Unterschrift ... *(alle Mieter, siehe oben)*

Streit um Untermiete: wichtige Urteile und Entscheidungen zu Einzelfällen

Kündigung: Untermieter kann im Ausnahmefall auch geschützt sein

Weist der Eigentümer den Zwischenvermieter ausdrücklich an, selbst als Hauptvermieter aufzutreten, genießt der Untermieter ausnahmsweise Kündigungsschutz. Der Grund: Hier ist der Eigentümer dafür verantwortlich, dass der Untermieter nicht über die wahren Eigentumsverhältnisse Bescheid weiß (LG Konstanz, 24.5.1991, Aktenzeichen 1 S 49/91, veröffentlicht in WuM 1991, 689).

Überweisung: Geld allein begründet keinen Mietvertrag
Zahlen die Untermieter direkt an den Vermieter, ist das kein neuer Mietvertrag zwischen Vermieter und Untermieter. Nach wie vor ist nur der Hauptmieter Vertragspartner. Die Untermieter haben keine eigenen Rechte gegen den Vermieter (OLG Düsseldorf, 15.10.1987, Aktenzeichen 10 U 50/87, veröffentlicht in NJW-RR 1988, 202).

Sonderform: Lebens- und Wohngemeinschaften

Hier stehen auf der Mieterseite zwei oder mehr Personen, die gleichberechtigt sind (im Unterschied zum Untermietvertrag) und gesamtschuldnerisch haften. Bestehen beispielsweise Mietrückstände, kann sich der Vermieter für den gesamten Betrag an einen beliebigen Mieter halten.

In Lebens- und Wohngemeinschaften steht jeder einzelne Mieter voll für die Verpflichtungen ein, die im Mietvertrag eingegangen wurden.

In der typischen Wohngemeinschaft muss ein Mieterwechsel nicht unbedingt mit dem Vermieter vereinbart werden. Wenn offensichtlich ist, dass es sich um eine solche Wohnform handelt, erklärt sich der Vermieter automatisch damit einverstanden, dass mehr oder weniger oft ein Mieter aus- und ein anderer einzieht.

Familienangehörige, die mit dem Mieter in einer Wohnung zusammenleben, aber nicht im Vertrag stehen, müssen nicht befürchten, beim Tod des Betreffenden die Wohnung zu verlieren.
Bei Paaren, die in „wilder Ehe" leben und bei denen nur ein Partner im Mietvertrag steht, sieht es leider anders aus. Wenn derjenige Partner, der den Vertrag unterschrieben hat, ausziehen will oder muss, hat der andere ebenfalls seine Koffer zu packen. Das Gleiche gilt, wenn der Mieter stirbt. Wenn der andere Glück hat, kann er mit dem Vermieter einen neuen Vertrag abschließen. Dann aber er-

höht dieser in vielen Fällen noch mal ordentlich die Miete. In diesem Fall handelt es sich nämlich um eine Neuvermietung.

✉ Musterbrief: Information des Vermieters über die Aufnahme einer weiteren Person

Absender ... *(alle im Vertrag als Mieter genannten Personen)* Datum ...

Einschreiben/Rückschein
An den Vermieter ...

Aufnahme von ... *(Beziehung zur aufzunehmenden Person kurz beschreiben)* **in meine Mietwohnung ...** *(genaue Beschreibung, Straße, Hausnummer, Etage)*

Sehr geehrte Damen und Herren,

ich beabsichtige, ab dem ... *(Datum)* eine weitere Person in der von mir gemieteten Wohnung aufzunehmen.

Dabei handelt es sich
* um meine/n Verlobte/n ... *(Vorname, Name)*, mit der/dem ich künftig eine Lebensgemeinschaft führen möchte.
* um ... *(andere Person benennen, Gründe für die Aufnahme angeben).*

* Die Aufnahme soll voraussichtlich bis zum ... *(Datum)* befristet sein. *(Diesen Satz nur einfügen, wenn Befristung beabsichtigt)*

Ich gehe davon aus, dass Sie keine Einwände haben, zumal ich ein berechtigtes Interesse an der Aufnahme von ... *(Vorname, Name)* geltend machen kann.

* Ich möchte Sie bitten, ... *(Vorname, Name)* als weiteren Mieter in den Mietvertrag aufzunehmen. Dies dient auch Ihrer Sicherheit, weil wir dann für Ansprüche aus dem Mietverhältnis die gesamtschuldnerische Haftung übernehmen.

Für Rückfragen stehe ich Ihnen gern auch telefonisch tagsüber unter der Rufnummer ... zur Verfügung.

Mit freundlichen Grüßen
Unterschrift ... *(alle Mieter, siehe oben)*

Streit um Wohngemeinschaften: wichtige Urteile und Entscheidungen zu Einzelfällen

Kündigung: einer für alle
Grundsätzlich kann der Vermieter ein Mietverhältnis nur dann ordnungsgemäß kündigen, wenn er allen im Mietvertrag aufgeführten Mietern kündigt. Ist dem Vermieter aber der Aufenthaltsort eines längst ausgezogenen Mitmieters unbekannt, ist die Kündigung auch dann voll wirksam, wenn sie nur gegenüber dem in der Wohnung verbliebenen Mieter ausgesprochen wird (LG Stuttgart, 24.5.1995, Aktenzeichen 5 S 503/94, veröffentlicht in WuM 02/96).

Mieterwechsel: Vermieter kann kaum widersprechen
In Wohngemeinschaften ist es üblich, dass hin und wieder ein Mitglied ausscheidet und dafür jemand anderes einzieht, ohne dass ein neuer Vertrag aufgesetzt wird. Dass es sich tatsächlich um eine Wohngemeinschaft handelt, ergibt sich aus dem Inhalt des Mietvertrages. Eine ausdrückliche Kennzeichnung als Wohngemeinschaft ist nicht unbedingt erforderlich (LG Hamburg, Aktenzeichen 334 S 38/95, veröffentlicht in WuM 12/95).

Der Vermieter kann einem Mieterwechsel in der Wohngemeinschaft nur dann widersprechen, wenn der neue Mieter für ihn nicht zumutbar ist.

Zustimmung: Weiteres WG-Mitglied ist zu akzeptieren
Der Vermieter darf sich nicht darauf berufen, dass ein zusätzlich einziehendes WG-Mitglied wirtschaftlich nicht so leistungsfähig ist wie die anderen. Schließlich haftet die WG gemeinsam für die Miete, d. h., der Vermieter bekommt mit dem neuen Bewohner einen

zusätzlichen Schuldner. Für ihn ist das in jedem Fall besser. Daher darf er seine Zustimmung nicht allein wegen mangelnder wirtschaftlicher Leistungsfähigkeit eines Einzelnen verweigern (LG Göttingen, 11.11.1992, Aktenzeichen 5 S 1276/95, veröffentlicht in NJW-RR 1993, 783).

SONDERFORM: BEFRISTETER MIETVERTRAG (ZEITVERTRAG)

Bei befristeten Mietverträgen kommt nur eine außerordentliche Kündigung in Frage.

Im Gegensatz zu Mietverträgen mit unbestimmter Laufzeit ist im Zeitvertrag von vornherein festgelegt, wann das Mietverhältnis enden soll. Hinsichtlich der Pflichten und Rechte von Mieter und Vermieter gelten fast die gleichen Bedingungen wie bei anderen Mietverträgen. Es gibt allerdings eine wichtige Ausnahme, die aus der Natur des befristeten Mietvertrages folgt: Eine ordentliche Kündigung ist unter normalen Umständen ausgeschlossen. Da beide Seiten sich verpflichtet haben, das Mietverhältnis für die angegebene Dauer aufrechtzuerhalten, muss der Vertrag entsprechend erfüllt werden. Nur wenn der Mieter einen akzeptablen Nachmieter stellen kann, kann er vorzeitig aus dem Vertrag aussteigen (mehr zum Zeitvertrag siehe Seite 131ff.).

Mietzahlung: Wie viel darf der Vermieter verlangen?

Neuvermietung: Achtung, hier kann Mietwucher drohen!

Bei einer Neuvermietung muss der Vermieter vor allem an eines denken: Er darf nicht wuchern. „Wucher" heißt zunächst einmal: Der Wohnwert steht in einem auffälligen Missverhältnis zur verlangten Miete. Dieses auffällige Missverhältnis zwischen Leistung des Vermieters und Gegenleistung des Mieters drückt sich zunächst einmal in den nackten Zahlen von Miete und Vergleichswerten (siehe unten) aus. Mietwucher liegt allerdings nur dann vor, wenn außerdem beim Abschluss des Mietvertrags

- auf Seiten des Mieters eine Zwangslage, Unerfahrenheit, mangelndes Urteilsvermögen oder erhebliche Willensschwäche gegeben war und
- diese Schwäche des Mieters durch den Vermieter bewusst ausgenutzt wurde.

Wenn ein Prozess wegen Mietwuchers unter Garantie erfolgreich abgeschlossen werden soll, müssen alle eben genannten Punkte zusammentreffen.

Es ist keine Seltenheit, dass unter demselben Dach riesige Preisunterschiede bestehen. Die Tatsache, dass zwei Millionen Wohnungen fehlen, nützen manche Vermieter nämlich voll aus: Wer neu einzieht, muss auch schon einmal doppelt so viel Miete zahlen wie seine Nachbarn, die seit Jahren in dem Haus leben. Wo das vorkommt, besteht Verdacht auf Mietwucher: Ein Fall für den Staatsanwalt!
Aber auch bei schon länger bestehenden Mietverhältnissen kann Wucher vorliegen. Deshalb lohnt es sich, gelegentlich mit Nachbarn und anderen Mietern über die Höhe der monatlichen Zahlungen zu reden: Wer zahlt eigentlich wie viel Miete? Selbst wer bei seinem Einzug nicht zu viel Miete bezahlte, kann im Laufe der Jahre Opfer

von Mietwucher werden. Jedes Jahr eine „normale" Anhebung, dazu Aufschläge wegen Modernisierung – schon kann die Grenze überschritten sein. Es lohnt sich deshalb in jedem Fall, der eigenen Miete mal auf den Grund zu gehen.

Auf Wucher stehen hohe Strafen für Hausbesitzer – Mieter können Geld zurückfordern und ab sofort regelmäßig weniger zahlen!

Mietwucher ist ein Verbrechen, das nach dem Wirtschaftsstrafgesetzbuch (§ 5) vom Staatsanwalt verfolgt werden muss. Dem Hausbesitzer drohen Geldstrafen bis 100.000 DM! Gern benutzte Ausreden machen vor Gericht schon lange keinen Eindruck mehr. Und windige Gutachten, die mit „Phantomwohnungen" die Preise hochtreiben sollen, hat sogar das Bundesverfassungsgericht (Aktenzeichen 1 BvR 1398/93) verboten: Auch vereidigte Gutachter müssen jetzt Anschriften von Vergleichswohnungen und Namen der Mieter angeben – zur Nachprüfung.

Liegt wirklich Mietwucher vor, handelt es sich nicht um eine Bagatelle.

Weil es für viele Orte keine Mietenspiegel, d. h. keine amtliche Preisübersicht, gibt, wird oft mit faulen Tricks gearbeitet.

Selbst in manchen Großstädten wie Bremen gab es lange bzw. gibt es heute noch keine amtliche Preisübersicht. Bei Verdacht auf Wucher muss der Vermieter mit Hilfe von Gutachten beweisen, dass für vergleichbare Wohnungen eine ebenso hohe Miete verlangt wird. Beliebter Trick: Der Vermieter gibt eigene, überteuerte Wohnungen an. „Verboten", sagen die Gerichte (z. B. LG Mönchengladbach, Aktenzeichen 2 S 284/92-2/93). Allerdings sind solche Tricks oft schwer zu durchschauen. Deshalb sollten Mieter bei Verdacht auf Wucher über Rechtsschutz einen Anwalt nehmen oder eine Mieterorganisation einschalten.
Das Gesetz sagt ausdrücklich, dass der Hauseigentümer unter gar keinen Umständen zu viel annehmen darf. Er müsste sogar Angebote von Wohnungssuchenden zurückweisen, die ihm freiwillig mehr als erlaubt zahlen wollen.

Praktische Hinweise für Betroffene

- Wie hoch die Vergleichsmiete ist, steht im Mietenspiegel, der beim Wohnungs- oder Wirtschafts- und Ordnungsamt erhältlich ist. Wo es keinen Mietenspiegel gibt, helfen Mieterorganisationen. Letztere prüfen auch Erklärungen und Gutachten des Vermieters. Wer selbst vergleichen will, muss seine Nettokaltmiete (ohne Heizung, Betriebskosten) kennen. Gerechnet wird immer mit der Miete für einen Quadratmeter!

Sogar wer freiwillig zu viel Miete angeboten hat, hat das Recht, bei Wucher sein Geld zurückzuverlangen.

- So sieht eine Beispielrechnung aus: Beträgt die Vergleichsmiete 12,10 DM und die eigene Miete 19,80 DM, so ergibt das eine Überhöhung von 7,70 DM. Bezogen auf die Vergleichsmiete von 12,10 DM sind das also 63,6 Prozent zu viel. Hier liegt daher strafbarer Wucher vor.

  Bei einer Wohnung mit 70 Quadratmetern heißt das für den Mieter: Statt 1386 DM Monatsmiete (kalt) muss er künftig nur 847 DM zahlen; darüber hinaus hat er Anspruch darauf, dass der Vermieter ihm rund 6000 DM für jedes bisherige Mietjahr und rund 1500 DM Kaution erstattet.

PRAXISHILFE: AUSREDEN DER VERMIETER BEI WUCHER – UND WAS BETROFFENE ANTWORTEN KÖNNEN

Ausrede: *Sie kannten die Miete beim Einzug und haben sich mit dem Vertragsabschluss verpflichtet, diese Summe zu bezahlen. Ich verlange Vertragserfüllung.*

Ihre Antwort: Ein Vertrag, mit dem eine Wuchermiete vereinbart wurde, ist sittenwidrig. Niemand kann von mir verlangen, dass ich einen solchen Vertrag erfülle.

Ausrede: *Die Miete, die ich verlange ist bestimmt keine Wuchermiete, sondern Sie haben falsch gerechnet. Sie sollten sich zuerst einmal den zulässigen Höchstbetrag im Mietenspiegel ansehen und dann neu rechnen.*

Ihre Antwort: Wenn es um Wuchermiete geht, wird nicht der Höchstbetrag aus dem Mietenspiegel genommen, sondern es muss mit dem Mittelwert gerechnet werden.

Ausrede: *Die Miete liegt nur um wenige Pfennige über der Grenze, ab der man von Mietwucher reden kann. Um diese paar Pfennige zu streiten, ist doch absolut albern.*
Ihre Antwort: Es spielt gar keine Rolle, ob die erlaubte Grenze um ein paar Pfennige oder um mehrere DM überschritten wird. Zu viel ist zu viel, sagen die Gerichte.

Ausrede: *Sie haben den falschen Vergleichswert aus dem Mietenspiegel herangezogen. Weil das Haus total renoviert wurde, wird es nämlich jetzt als Neubau eingestuft.*
Ihre Antwort: Das ist falsch, auch eine Luxusmodernisierung macht aus einem Altbau keinen Neubau. Die Gerichte sagen, dass immer das Baujahr des Hauses entscheidend ist.

Ausrede: *Sie haben mir die hohe Miete selbst angeboten, weil Sie die Wohnung unbedingt haben wollten. Meine ursprüngliche Mietforderung lag viel niedriger.*
Ihre Antwort: Macht nichts. Nach dem Gesetz spielt es keine Rolle, ob der Vermieter von sich aus zu viel verlangt oder sich zu viel versprechen lässt und dieses Geld dann annimmt.

Ausrede: *Okay, die Miete ist zu hoch, deshalb ist unser Mietvertrag ungültig. Ich verlange deshalb, dass Sie ausziehen und die Wohnung spätestens bis zum … räumen.*
Ihre Antwort: Nein, ich kann wohnen bleiben. Nicht der gesamte Vertrag ist ungültig, sondern nur die Vereinbarung über die Miethöhe. Nur die muss geändert werden.

Im normalen Geschäftsleben ist ein wucherischer Vertrag ohne weiteres nichtig, d. h., keiner von beiden Vertragspartnern ist an den Vertrag gebunden. Weil aber die Wohnungsmiete etwas besonders Wichtiges ist, gelten hier nach der Rechtsprechung andere Grundsätze, die in der folgenden Übersicht zusammengefasst sind.

Rechtsgrundlagen und Möglichkeiten des Mieters bei Mietwucher

Tatbestand: strafbarer Mietwucher nach § 302a StGB

- Faustregel: Verlangte Miete liegt um mehr als 50 Prozent über Vergleichsmieten.
- Abhilfe: bei der Staatsanwaltschaft Anzeige erstatten

Tatbestand: ordnungswidrige Mietüberhöhung nach § 5 WiStrG

- Faustregel: Verlangte Miete liegt zwischen 20 und 50 Prozent über Vergleichsmieten.
  Ausnahme: Die Wohnung kostet den Vermieter tatsächlich mehr. Dann darf er auch Mieten bis zu 50 Prozent über der Vergleichsmiete verlangen.
- Abhilfe: bei der zuständigen Behörde (z. B. Wohnungsamt) schriftlich Anzeige erstatten. Nur wenn etwas Schriftliches vorliegt, kann die Anzeige behördenintern an die zuständige Stelle weitergeleitet werden.
  Bei einem Vertrag mit überhöhten Mieten kann der Mieter nach § 9 WiStrG beantragen, dass ihm die Differenz zwischen amtlicher Vergleichsmiete und der verlangten Miete vom Vermieter zurückerstattet wird.

Grundsätzlich verpflichtet ein wucherischer Mietvertrag den Mieter nicht, mehr zu bezahlen, als angemessen ist (§ 138 BGB).

Liegt Mietwucher vor, können Sie Miete zurückhalten. Allerdings riskieren Sie damit, dass Ihnen bei mehr als zwei rückständigen Monatsmieten fristlos gekündigt wird (§ 554 BGB). Auf Nummer Sicher gehen Sie daher, wenn Sie beim Amtsgericht auf Feststellung des richtigen Mietzinses klagen bzw. auf Rückzahlung dessen, was Sie bereits zu viel bezahlt haben.

Bevor Sie zum Amtsgericht gehen, können Sie natürlich Ihrem Vermieter die Gelegenheit geben, seinen Fehler wiedergutzumachen. Hierbei hilft Ihnen der folgende Musterbrief.

✉ Musterbrief: Überprüfung der Miethöhe, Verdacht auf Wucher

Absender … *(alle im Mietvertrag genannten Personen)*

Datum …

per Einschreiben/Rückschein
An den Vermieter

Überprüfung des von Ihnen geforderten Mietzinses für die von … *(mir/uns)* **gemietete Wohnung …** *(Straße, Hausnummer, Etage)*

Sehr geehrte ...

für die von mir gemietete Wohnung beträgt die derzeitige Nettokaltmiete monatlich pro Quadratmeter ... DM.

Durch Zufall wurde festgestellt, dass

* nach dem amtlichen Mietenspiegel für ... *(Stadt/Region)*

* im Hinblick auf absolut vergleichbare Wohnungen am Ort

der Mittelwert für eine entsprechend große Wohnung mit gleicher Ausstattung in vergleichbarer Lage lediglich ... DM beträgt.

Die von Ihnen geforderte Nettokaltmiete übersteigt diesen Betrag um ... DM. Dies entspricht, auf den Mittelwert

* laut Mietenspiegel

* vergleichbarer Wohnungen

bezogen, einer Überhöhung um ... *(mehr als 20 Prozent, siehe oben)* Prozent. Es stellt sich deshalb die Frage, ob eine Mietpreisüberhöhung vorliegt, die evtl. sogar nach § 5 Abs. 1 und 2 Wirtschaftsstrafgesetz zu beurteilen ist.

Es wird deshalb um Ihre Stellungnahme zur Miethöhe gebeten, hierfür ist eine Frist bis zum ... *(16. Tag nach Absenden des Briefes)* notiert. Sollte die Frist fruchtlos verstreichen, werde ich

* bis auf weiteres die Nettokaltmiete um ... *(Prozentsatz wie oben)* kürzen.

* die Angelegenheit juristisch prüfen lassen.

Eine Rückforderung der bisher überzahlten Miete und des überhöhten Teiles der Mietkaution bleibt vorbehalten.

Mit freundlichen Grüßen

Unterschrift ... *(alle im Mietvertrag genannten Personen)*

NORMALE MIETERHÖHUNGEN – WANN DER VERMIETER MEHR VERLANGEN DARF UND WANN NICHT

Die Miete soll dem Wohnwert angemessen sein. Deshalb muss der Vermieter nach bestimmten Zeiten mehr Geld verlangen dürfen. Allerdings darf eine Mieterhöhung nicht so ruckartig passieren, dass der Mieter keine Chance hat, sich darauf einzustellen. Das bestimmt das Gesetz zur Regelung der Miethöhe (MHG).
Dort ist auch geregelt, dass der Vermieter die Mieterhöhung schriftlich verlangen und begründen muss. Bei der Begründung der Mieterhöhung soll der Vermieter auf die Vergleichsmieten eingehen. Das bedeutet, er soll mitteilen, auf welche Rubrik im Mietenspiegel er sich bezieht oder – falls es keinen Mietenspiegel für die Gemeinde gibt – welche Wohnungen er für einen Vergleich herangezogen hat.

Achtung: Geht der Vermieter nicht auf vergleichbare Mieten ein, dürfen Sie den Brief trotzdem nicht einfach beiseite legen: Unter Umständen müssen Sie die verlangte Erhöhung dennoch bezahlen. Die Rechtsprechung hierzu ist uneinheitlich!

RECHENMUSTER: BEZAHLE ICH ZU VIEL MIETE?

Netto-kaltmiete		Wohnfläche in m^2		Miete pro m^2
↓		↓		↓
	:		=	

Miete pro m^2	Vergleichs-miete	Differenz
↓	↓	↓

	–		=	
Differenz ↓				Zwischen-ergebnis ↓
	x	**100**	=	
Zwischen-ergebnis ↓		Vergleichs-miete ↓		Differenz in Prozent ↓
	:		=	

Auswertung:

Differenz bis 20 Prozent einschließlich	**Differenz zwischen 20 und 50 Prozent**	**Differenz über 50 Prozent**
alles in Ordnung	Miete kann im Ausnahmefall zulässig sein	Hier kann Mietwucher vorliegen

Die Kappungsgrenze bei Mieterhöhungen – ab wann nichts mehr geht

Neben der ortsüblichen Vergleichsmiete muss der Vermieter noch ein weiteres Kriterium beachten, wenn er die Miete zulässig erhöhen will, nämlich die sogenannte Kappungsgrenze. Es gilt immer die niedrigere der beiden Beschränkungen. Die Kappungsgrenze richtet sich nach dem Baujahr der jeweiligen Wohnung. Der Vermieter darf die Kappungsgrenze innerhalb von drei Jahren nicht überschreiten. Die Kappungsgrenze greift nicht bei einer Erhöhung der Betriebskosten oder bei Modernisierung.

Welche Kappungsgrenze trifft auf Ihre Wohnung zu?

- **20 Prozent** bei Wohnungen, die vor dem 1.1.1981 fertiggestellt worden sind und bei denen die zu erhöhende Kaltmiete 8,00 DM pro Quadratmeter übersteigt.

Darunter liegende Preise werden wie Quadratmetermieten in Höhe von 8,00 DM behandelt.

- **30 Prozent** bei allen übrigen Wohnungen.

Rechenmuster zur Kappungsgrenze und zur Zulässigkeit von Mieterhöhungen

Nettokaltmiete drei Jahre vor der Mieterhöhung		Wohnfläche in m²		Miete pro m²
↓		↓		↓
	:		=	

Miete pro m²		1,2 bei 20 Prozent oder 1,3 bei 30 Prozent (siehe Tabelle oben)		Kappungsgrenze (auf diese Quadratmetermiete darf der Vermieter maximal erhöhen)
↓		↓		↓
	x		=	

Vergleichen Sie die Kappungsgrenze mit der ortsüblichen Vergleichsmiete. Der **niedrigere** Betrag ist die maximal zulässige Kaltmiete je Quadratmeter.

Kappungsgrenze (DM/m²)		ortsübliche Vergleichsmiete (DM/m²)		maximale Miete pro m²
↓		↓		↓
	oder		=	

PRAXISHILFE BEI MIETERHÖHUNG: WAS SCHREIBT DER VERMIETER, UND WIE REAGIEREN SIE RICHTIG DARAUF?

Der Vermieter schreibt: „Ich will Ihre Miete erhöhen."
Sie bekommen einen nett formulierten Brief ohne weitere Anlagen, ohne Hinweise auf Vergleichsmieten, ohne genaue Berechnungen. Stattdessen weist der Vermieter auf die allgemein gestiegenen Kosten hin, schimpft auf die Regierung und bittet Sie um Ihre Zustimmung.

↓

Sie antworten: „Ihre Begründungen, lieber Vermieter, reichen nicht aus, um eine Mieterhöhung zu rechtfertigen."
Denn es gibt sehr strenge Vorschriften für Mieterhöhungen, die der Vermieter einhalten muss.

↓

Der Vermieter schreibt: „Es geht um eine Modernisierung."

↓

Sie prüfen: Sind alle Vorschriften erfüllt?
Dabei helfen Ihnen unsere Hinweise zu Modernisierungen siehe Seite 75ff.

↓

Der Vermieter schreibt: „Ich will mehr Kaltmiete haben."
Diesmal begründet er sein Verlangen, z. B. mit einer allgemeinen Mietpreissteigerung.

↓

Sie prüfen: Liegt dem Brief der Mietenspiegel bei?
Wenn nicht, fordern Sie vom Vermieter den Mietenspiegel oder Gutachten mit Vergleichsmieten.

↓

Der Vermieter schreibt: „Die Nebenkosten steigen."
Dazu bietet er an, Ihnen die Unterlagen in seinem Büro zu zeigen.

↓

Sie prüfen: Ist die Forderung berechtigt?
Dabei helfen Ihnen unsere Hinweise siehe Seite 55ff.

Sie prüfen: Ist die Wohnung richtig eingeordnet?
Typische Tricks oder Fehler: Das Baualter wird ignoriert, stattdessen das Modernisierungsjahr genommen – aber das gilt nicht. Geschummelt wird auch bei der Lage: Wer eine „normale" Wohnlage zur „guten" erklärt, kann sofort mehr Geld verlangen.

↓

Sie prüfen: Liegt die Miete noch unterhalb der erlaubten Höchstgrenze?
Beläuft sie sich auf mehr als 20 Prozent über dem Durchschnitt der Vergleichsmieten laut Mietenspiegel oder Gutachten, kann Mietwucher vorliegen.

→ Beachten Sie hierzu unsere Hinweise Seite 27ff.

↓

Sie prüfen: Ist die Miete seit mindestens einem Jahr unverändert, wurde bisher die Erhöhungsgrenze eingehalten?
Die Erhöhung ist nur erlaubt, wenn die Miete seit 12 Monaten unverändert ist und in den letzten drei Jahren um nicht mehr als

- 20 Prozent erhöht wurde (Wohnungen, die vor 1981 fertiggestellt wurden und bei denen die Nettokaltmiete ohne Betriebskosten bei über 8 DM liegt, Näheres siehe oben Seite 34–35)
- 30 Prozent erhöht wurde (alle übrigen Wohnungen).

↓

Sie prüfen: Ist die Wohnung ohne Mängel?
Vereinbarte Miete kann nur für mängelfreie Wohnungen verlangt werden. Sie müssen, wenn es sonst keine Ablehnungsgründe gibt, der Erhöhung zustimmen, können aber sofort die erhöhte Miete wegen der Mängel kürzen.

→ Beachten Sie hierzu unsere Hinweise Seite 48ff.

↓

Offensichtlich ist die Mieterhöhung rechtens: Sie müssen mehr bezahlen.

Sie haben Zeit, die Forderung zu prüfen

Wenn Ihnen ein Schreiben mit einem „Mieterhöhungsverlangen" zugeht, haben Sie mindestens zwei volle Monate Zeit, zuzustimmen oder abzulehnen oder gar nichts zu tun. Wenn Sie zustimmen, müssen Sie ab dem dritten Monat die neue Miete zahlen. Wenn Sie sich gar nicht äußern, kann der Vermieter innerhalb von zwei weiteren Monaten gegen Sie klagen. Ist die Erhöhung rechtmäßig, werden Sie vom Gericht verpflichtet, künftig mehr Geld zu zahlen. Der Vermieter kann eine Mieterhöhung verlangen, wenn

- die Miete ein Jahr lang gleich geblieben ist, also auch frühestens ein Jahr nach Ihrem Einzug,
- die neue Miete nicht teurer ist als das, was für vergleichbare Wohnungen gezahlt werden muss (Vergleichsmiete),
- die Miete damit innerhalb von drei Jahren maximal um 30 Prozent steigt bzw. bei Wohnungen, die vor Ende 1980 gebaut worden sind und bei denen die Miete bereits mehr als 8 DM pro Quadratmeter kostet, die Erhöhung insgesamt nicht mehr als 20 Prozent innerhalb von drei Jahren ausmacht.

Möchten oder können Sie die neue Miete nicht bezahlen, dann dürfen Sie aus diesem Grund kündigen (§ 9 MHG).

Sie haben das Recht zu kündigen

Wenn Sie aufgrund der Mieterhöhung kündigen wollen, müssen Sie Ihren Entschluss innerhalb von zwei Monaten nach Zugang des Schreibens Ihrem Vermieter mitteilen. Nach Ablauf von weiteren zwei Monaten sind Sie die Wohnung los. In der Zeit bis zu Ihrem Auszug darf der Mieter nicht die erhöhte Miete verlangen, und Sie sind bei dieser Kündigung nicht an die im Vertrag vereinbarten Kündigungsfristen gebunden.

IHRE RECHTE BEI STAFFELMIETE UND MIETGLEITKLAUSEL

Bei der Staffelmiete vereinbaren Mieter und Vermieter schriftlich und von vornherein die Zeitpunkte und die jeweilige Höhe der Mietsteigerung. Die Vergleichsmiete ist in diesem Fall nicht die Obergrenze für Erhöhungen. Die Erhöhung muss in konkreten Beträgen angegeben werden, eine Prozentangabe genügt nicht. Es ist aber nicht zwingend, dass die Staffeln gleich hoch sind. Die Intervalle zwischen den Erhöhungen dürfen nicht kürzer als ein Jahr sein, die Laufzeit darf maximal zehn Jahre betragen. Währenddessen sind zusätzliche Erhöhungen nicht zulässig, es sei denn, es handelt sich um Betriebskosten. Der Vermieter kann den Mieter verpflichten, bis zu vier Jahre auf eine Kündigung zu verzichten.

Wenn die Staffelvereinbarung abgelaufen ist, tritt wieder das Vergleichsmietensystem in Kraft. An dessen Stelle kann eine Mietanpassungsvereinbarung (Mietgleitklausel) treten. Damit richtet sich die Mieterhöhung nach objektiv nachprüfbaren Kostenerhöhungen (z. B. Lebenshaltungskosten-Index). Auch diese Mietgleitklausel muss schriftlich vereinbart werden. Dabei gibt es folgende Besonderheit: Wenn sich die Mieterhöhung nach dem Lebenshaltungskosten-Index richtet, muss die Landeszentralbank ihre Genehmigung erteilen.

Mit der Staffelvereinbarung verzichtet der Vermieter auf sein ordentliches Kündigungsrecht für die Dauer ihrer Gültigkeit.

Ebenso wie bei der Staffelmiete darf auch im Falle einer Mietgleitklausel zwischen den einzelnen Mieterhöhungen nicht weniger als ein Jahr liegen. Haben Vermieter und Mieter eine solche Mietanpassungsvereinbarung geschlossen, so tritt die Erhöhung allerdings nicht von selbst ein; vielmehr muss der Vermieter eine schriftliche Erklärung abgeben, damit die Erhöhung wirksam wird. Außer der Reihe ist eine Erhöhung nur zulässig bei den Betriebskosten und bei Modernisierungen, zu denen der Vermieter wegen gesetzlicher oder behördlicher Auflagen gezwungen ist.

Schummel mit Quadratmetern – viel Geld für Phantomflächen

Wenn es um die Miete geht, spielt die Wohnfläche oft eine entscheidende Rolle, sei es bei der anfänglichen Festlegung der Quadratmetermiete, bei Mieterhöhungen oder beim Verteilerschlüssel für die Heizkostenabrechnung (siehe Seite 64). Häufig kommt es vor, dass der Vermieter von einer zu großen Wohnfläche ausgeht. Dann wird einfach die gesamte Fläche des irgendwie verfügbaren Bodens zusammengerechnet und eine entsprechende Miete verlangt. Aber: Welche Flächen wie berechnet werden, ist nicht Sache des Beliebens. Das folgende Rechenmuster hilft Ihnen, Ihre Wohnfläche genau auszurechnen und mit der angegebenen zu vergleichen.

RECHENSCHEMA ZUR ERMITTLUNG IHRER ECHTEN WOHNFLÄCHE

Schritt 1 – Berechnung der Grundfläche

Grundfläche in allen Räumen mit mindestens 2 Metern Höhe. Die Flächen von Türnischen auf keinen Fall mitzählen. Nur „lichte" Maße abnehmen, ohne die Flächen von Scheuerleisten, Öfen, Heizkörpern usw. mitzuzählen.	=	

Schritt 2 – Berechnung der Abzugsfläche

Schornsteine, raumhohe Pfeiler und Säulen mit einer Grundfläche von mehr als 0,1 m^2		
Bei Treppen mit mehr als drei Stufen und den zugehörigen Treppenabsätzen die Grundfläche	+	
Abzugsfläche	=	

Schritt 3

Grundfläche		Abzugsfläche		Ergebnis 1
↓		↓		↓
	–		=	

Schritt 4 – Berechnung von Kleinflächen

Fenster- und Wandnischen, sofern sie raumhoch und mindestens 13 cm tief sind		
Erker und Wandschränke mit einer Grundfläche von mindestens 0,5 m^2	+	
Raumteile bzw. -flächen unter Treppen mit einer lichten Höhe von mindestens 2 Metern	+	
Ergebnis 2	=	

Schritt 5 – Berechnung von Teilflächen

niedrige Räume (z. B. im Dachgeschoss, unter Treppen) mit einer lichten Höhe zwischen 1 und 2 Meter		
Wintergärten (auch Schwimmbäder, andere allseits geschlossene Räume)	+	
Balkone, Loggien, Dachgärten, überdachte Terrassen	+	
Ergebnis 3	=	

Schritt 6

Ergebnis 3				Ergebnis 4
↓				↓
	:	**2**	=	

Schritt 7 – Zusammenrechnung der Flächen

Ergebnis 1		
Ergebnis 2	+	
Ergebnis 4	+	
tatsächliche Gesamtwohnfläche	=	

Nicht berücksichtigt werden Zubehörräume außerhalb der Wohnung wie Keller, Garagen, Dachböden und Wirtschaftsräume.
Ebenfalls nicht berücksichtigt werden alle Flächen, deren lichte Höhe weniger als ein Meter beträgt. Dies ist u. a. in Dachgeschosswohnungen zu berücksichtigen. Es spielt dabei keine Rolle, ob die Flächen Teile des eigentlichen Wohnraums sind und ob sie trotz geringer Höhe genutzt werden können, z. B. für niedrige Schränke.

Blitzübersicht: Das kann der Vermieter nicht von Ihnen verlangen

- **Reparaturen:** Für normale Abnutzung muss der Mieter nicht aufkommen (§ 548 BGB). Eine Ausnahme stellen Schönheitsreparaturen dar, wenn eine entsprechende Vertragsklausel existiert.
- **Vertragsstrafen:** Vertragliche Vereinbarungen, die den Mieter beispielsweise bei einer vorzeitigen Kündigung verpflichten, eine bestimmte Geldsumme zu zahlen, sind unwirksam (§ 550a BGB).
- **Mietkautionen:** Mehr als drei Monatsmieten sind zu hoch (§ 550b BGB). Der Vermieter darf zwar verlangen, dass der Mieter zur Sicherheit eine bestimmte Summe abgibt, um das Risiko von Zahlungsschwierigkeiten des Mieters abzufedern, aber nur bis zur Grenze von drei Monatsmieten.
- **Minderungsausschluss:** Keine Vertragsklausel darf dem Mieter verbieten, Geld zurückzuhalten, wenn er einen Schadenersatzanspruch gegen den Vermieter hat (§ 552a BGB).
- **Regelmäßige Mieterhöhungen:** Wird die Miete nach § 2 MHG oder gemäß einer Mietanpassungsvereinbarung (siehe oben auf Seite 39) so erhöht, daß sie nicht mindestens ein Jahr lang gleich bleibt, so ist dies unzulässig (§ 10a MHG). Eine Ausnahme stellen Erhöhungen wegen Baumaßnahmen dar, d. h., diese können zu den regelmäßigen Erhöhungen hinzukommen.

⚖ Streit um die Mietpreise: wichtige Urteile und Entscheidungen zu Einzelfällen

Kostenmiete: Wirkliche Kosten sind entscheidend

Wenn der Vermieter über die ortsübliche Vergleichsmiete hinaus will, muss er höhere Kosten nachweisen. Dabei zählen aber nur tatsächlich zu tragende Kosten, die beim Kauf oder beim Bau wirklich entstehen. Berechnet er die Kosten aus dem Verkehrswert, d. h., will er praktisch marktübliche Zinsen für sein im Haus gebundenes Eigenkapital einschließlich der inzwischen eingetretenen Wertsteigerung kassieren, können Sie sich das zu viel Bezahlte zurückholen. Als Zinskosten werden nur Zahlungen an Banken anerkannt (BGH, 5.4.1995, Aktenzeichen VIII ARZ 4/94, veröffentlicht in NJW 1995, 1838).

Kreditkosten: Nur dingliche Darlehen zählen

Eine Mieterhöhung wegen gestiegener Kapitalkosten (Kostenmiete) ist nur dann möglich, wenn der Kredit dinglich abgesichert ist, d. h., wenn das Grundstück der Bank als Sicherheit dient. Zinserhöhungen, die sich auf einen Kredit beziehen, der nicht dinglich abgesichert ist, dürfen vom Vermieter nicht herangezogen werden. Bezieht sich also die Zinserhöhung nur auf einen Teil des Kredits, muss man genau hinsehen: Wenn es um den Teil geht, der nicht mehr dinglich gesichert ist, geht der Vermieter leer aus. Solche Erhöhungen darf er nicht auf die Mieter umlegen (BayObLG, 8.10.1992, Aktenzeichen REMiet 1/92, veröffentlicht in NJW-RR 1993, 83).

Kreditkosten: So werden sie richtig berechnet

Im Kreditgeschäft ist es üblich geworden, dass die Bank einen Teil der Kreditsumme einbehält, um damit die effektiven Kreditzinsen zu senken (Disagio, Damnum). Man sieht den einbehaltenen Betrag einfach als bereits zurückgezahlt an. Auf diese Weise entsteht am Ende einer solchen Kreditvereinbarung ein Zinssprung, wenn die Abschlagszahlung aufgebraucht ist. Das macht oft einen Unterschied von bis zu drei Prozent beim effektiven Jahreszins aus. Diesen Zinssprung darf der Vermieter nicht in eine Mieterhöhung umsetzen: Denn seine Kreditkosten haben sich nicht durch Schwankungen des Kapitalmarkts erhöht, sondern nur deshalb, weil er die tatsächlichen Kosten von Anfang an nicht richtig berechnet hatte (BVerfG, 4.1.1995, Aktenzeichen 1 BvR 1401/94, veröffentlicht in NJW 1995, 1145).

Der Vermieter muss die Mietkosten von Anfang an so berechnen, als wäre ihm die volle Kreditsumme ausbezahlt worden.

Mietenspiegel: Was macht eine Wohnung unterdurchschnittlich?

Im Sinne eines Mietenspiegels ist eine Wohnung unterdurchschnittlich ausgestattet, wenn Bad und Flur keinen eigenen Heizkörper haben, die Fenster aus einfachem Glas ohne jede Isolierung bestehen, die Wohnung nicht unterkellert und dadurch der Fußboden immer kalt ist, und die Wohnung ungünstig geschnitten ist, weil ein großer Teil der Wohnfläche auf einen schlauchartigen Flur entfällt. Diese Faktoren müssen nicht alle auf einmal zusammenkommen, unter Umständen genügt einer, damit die Wohnung unterdurchschnittlich wird. Hat die Wohnung allerdings Kabelfernsehen, so ist das ein überdurchschnittliches Ausstattungsmerkmal (LG Hamburg, 16.2.1996, Aktenzeichen 311 S 73/95, veröffentlicht in DWW 96, 124).

Mieterhöhung: spätere Geltendmachung möglich
Wenn der Vermieter eine im Mietvertrag vorgesehene regelmäßige Erhöhung aus dem Mietvertrag erst viel später geltend macht, ändert das nichts an der Zahlungspflicht des Mieters. Das gilt vor allem, wenn die Miete an einen bestimmten Preisindex gekoppelt ist. Hier hatte der Vermieter lange dieselbe Miete verlangt, obwohl der Index in der Zwischenzeit angestiegen war. Wo der Mieter dann das Geld für die ausstehende Mieterhöhung herbekommt, wenn er keine Rücklagen gemacht hat, ist sein Problem (OLG Celle, 29.1.1988, Aktenzeichen 2 U 78/87, veröffentlicht in NJW-RR 1988, 723).

Miethöhe: Gericht kann Größenordnung festlegen
Das Gericht kann aufgrund einer Klage eine gerechte Miete festsetzen, wenn die alte Miete offenbar ungerecht festgelegt worden ist. Dies ist selbst dann möglich, wenn die Miete von einem vertraglich vereinbarten Schiedsrichter so bestimmt worden ist. Der Mieter sollte aber nicht mit einer Mietsenkung rechnen, wenn er nicht beweisen kann, dass das Mietniveau insgesamt gesunken ist (OLG Schleswig, 24.6.1992, Aktenzeichen 4 U 76/91, veröffentlicht in ZMR 1992, 534).

Mietverlängerung: Ohne besondere Abrede gilt die alte Miete
Wer sich auf eine vertragliche Verlängerungsoption beruft, hat Anspruch darauf, nur die alte Miete weiter zahlen zu müssen. Will der Vermieter von der fest vereinbarten Miete abweichen, sollte er schon am Anfang eine entsprechende Klausel in den Vertrag aufnehmen (OLG Düsseldorf, 23.2.1995, Aktenzeichen 10 U 77/94, veröffentlicht in WuM 1995, 433).

Mietverlängerung: Ohne besondere Abrede gilt das Ortsübliche (Vergleichsmiete)
Wird ein Zeitmietvertrag verlängert, ohne dass man noch einmal besonders über die Miete verhandelt, gilt das Ortsübliche. Wer die Miete auch für eine weitere Periode festschreiben will, muss das extra vereinbaren. Hier ging es um einen gewerblichen Mietvertrag für eine Apotheke, der auf zehn Jahre befristet war. Das Gericht bestimmte eine neue Miete (BGH, 2.10.1991, Aktenzeichen XII ZR 88/90, veröffentlicht in NJW-RR 1992, 517).

Mietzahlung: Wer mehr zahlt, akzeptiert die Erhöhung
Zahlt der Mieter über einen Zeitraum von fünf Monaten die höhere Miete, ohne sich eine Rückforderung vorzubehalten, dann gilt die Mieterhöhung als akzeptiert. Der Mieter muss in diesem Fall auch künftig die höhere Miete zahlen. Dies gilt selbst dann, wenn das Schreiben des Vermieters, mit dem er die höhere Miete forderte, eigentlich unwirksam war (LG Berlin, 4.7.1985, Aktenzeichen 61 S 17/85, veröffentlicht in NJW-RR 1986, 236).

Eine erhöhte Miete nie ohne Rückforderungsvorbehalt zahlen!

Vergleichsmieten: Was der Mieter selbst verbessert, kommt nicht in die Rechnung
Wenn die aktuelle Miete mit den ortsüblichen Mieten zu vergleichen ist, darf bei der Berechnung nicht berücksichtigt werden, was der Mieter selbst zur Verbesserung der Wohnung beigetragen hat. Ausnahmsweise ist dies jedoch dann erlaubt, wenn der Vermieter die Kosten erstattet hat oder zuvor zwischen beiden vereinbart worden war, dass der Mieter bestimmte Maßnahmen durchführen soll (BayObLG, 24.6.1981, Aktenzeichen Allg. Reg. 41/81, veröffentlicht in NJW 1981, 2259).

Vergleichswohnungen: Der Vermieter ist verpflichtet, genaue Angaben zu machen
In Städten und Orten ohne Mietenspiegel hat es der Vermieter mit Erhöhungen schwer: Er muss im Anschreiben an den Mieter erklären, welche Vergleichswohnungen er berücksichtigt hat. Dabei muss er die Wohnungen mit Adresse, Geschoss, Quadratmeterzahl und Kaltmiete genau bezeichnen und zusätzlich Namen und An-

schrift des Vermieters angeben. Dem Mieter sollen dadurch Nachprüfungen ermöglicht werden (BVerfG, 8.9.1993, Aktenzeichen 1 BvR 1331/92, veröffentlicht in NJW-RR 1993, 1485).

Wohnungsmängel: Mieterhöhung ist nicht erlaubt
Ist die Wohnung mangelhaft, kann der Vermieter keine Mieterhöhung verlangen. Zumindest gilt dies für die im Vertrag vereinbarte, an einen bestimmten Preisindex gekoppelte Mieterhöhung (OLG Düsseldorf, 7.10.1993, Aktenzeichen 10 U 3/93, veröffentlicht in NJW-RR 1994, 399).

Wohnungsmängel: Mieterhöhung ist trotzdem möglich
Wenn die Wohnung mangelhaft ist, kann der Vermieter trotzdem eine Mieterhöhung verlangen. Der Mieter muss diese Erhöhung akzeptieren, denn für die Beseitigung von Mängeln stehen ihm andere Wege offen: Er muss dem Vermieter mitteilen, dass die Wohnung einen Schaden hat, und kann den Vermieter durch eine Mietminderung dazu bewegen, diesen Schaden schnell zu beheben. Der Vermieter kann also die Miete im Rahmen der Kappungsgrenzen auf die ortsübliche Vergleichsmiete anheben. Eine Mängelrüge hilft dagegen nicht (LG Mannheim, 31.10.1990, Aktenzeichen 4 S 88/90, veröffentlicht in NJW-RR 1991, 1108).

Auf den Wert der Wohnung haben Mängel keinen Einfluss.

Wohnwert: Bei fehlenden Anhaltspunkten wird er nach der Kostenmiete berechnet
Bei außergewöhnlich gut ausgestatteten Häusern oder Wohnungen ist es schwer, eine Vergleichsmiete zu finden oder auch nur den Wohnwert zu bestimmen. Dann kann man darauf zurückgreifen, was die Wohnung insgesamt kostet. In einem solchen Fall rechnet man die Abschreibung und die laufenden Kosten zusammen und rechnet diese Summe auf einzelne Monate um. So bekommt man einen Anhaltspunkt für die Miete und damit den Wohnwert (BFH, 21.1.1986, Aktenzeichen IX R 7/79, veröffentlicht in NJW 1987, 151).

Wucher: Kostenmiete rechtfertigt nicht jede Erhöhung
Normalerweise darf der Vermieter die Miete heraufsetzen, wenn er selbst höhere Kosten hat. Typischer Fall: Das Wohnhaus ist mit

einem Kredit finanziert, der plötzlich teurer wird. Aber eines darf der Vermieter nicht: Wucher betreiben. Selbst wenn der Vermieter durch einen Neukredit wesentlich höhere Kosten hat, darf er trotzdem nicht über die allgemeine Grenze von 50 Prozent Erhöhung über die Vergleichsmiete hinausgehen. Sonst macht er sich unter Umständen strafbar (OLG Karlsruhe, 26.5.1994, Aktenzeichen 9 REMiet 1/93, veröffentlicht in NJW-RR 1994, 1034).

Wucher: Steigende Kapitalkosten sind keine Entschuldigung
Wer eine Kostenmiete errechnet, die sich aus veränderten Kapitalkosten ergibt, darf trotzdem nicht unverschämt sein: Der Vermieter darf die ortsübliche Vergleichsmiete nur um 50 Prozent überschreiten, sagt das Wirtschaftsstrafgesetz. Wer als Vermieter höhere Kapitalkosten hat, muss also draufzahlen (LG Stuttgart, 23.9.1992, Aktenzeichen 13 S 240/92, veröffentlicht in NJW-RR 1993, 279).

MIETMINDERUNG: WANN UND WIE SIE KÜRZEN DÜRFEN

Es ist nicht nur ein Recht des Mieters, eine Wohnung ohne Mängel zu verlangen. Es ist außerdem seine Pflicht, dadurch Schaden vom Eigentum des Vermieters abzuwenden. Meldet der Mieter einen deutlich erkennbaren Mangel nicht und vergrößert sich der Schaden, kann der Mieter ersatzpflichtig gemacht werden.
Viele Vermieter schicken bei Mängeln allerdings erst Handwerker, wenn sie richtig unter Druck gesetzt werden. Und diesen Druck kann jeder Mieter ausüben.

Ist ein Mangel vorhanden, besteht automatisch das Recht zur Mietminderung.

Mietminderungen müssen nicht genehmigt werden – aber der Vermieter muss informiert werden.

Was abgezogen werden kann, zeigt die Tabelle auf Seite 51–52. Aber: Kürzen darf man nur die Nettokaltmiete (ohne Heizungs-/Betriebskosten). Beispiel: Gesamtmiete 1000 DM, Betriebskosten 200 DM – Nettokaltmiete 800 DM. Herrscht starke Zugluft in der ganzen Wohnung, dürfen z. B. 20 Prozent von 800 DM Kaltmiete abgezogen werden – also 160 DM.
Aber Vorsicht: Wer den Mangel schon drei Monate kennt und dennoch bisher nicht gekürzt hat, verliert dieses Recht (manche Gerichte gestehen auch sechs Monate zu). Auch bei Mängeln durch eigenes Verschulden darf nicht gemindert werden – ein ewiger Streit bei Schimmel und Feuchtigkeit. Und: Steht es im Mietvertrag, dass Bagatellreparaturen (bis 150 DM) selbst bezahlt werden müssen, entfällt das Recht zur Minderung!
Sind mehrere Mängel vorhanden, kann man die jeweiligen Prozentpunkte addieren. Beim Zusammenzählen der Prozentpunkte mehrerer Mängel sollte man es nicht übertreiben: Wer aus vielen Nebensächlichkeiten die bei absoluter Unbewohnbarkeit anzusetzenden 100 Prozent zusammenrechnet, wird damit vor Gericht kaum durchkommen.

Außerdem ist zu beachten: Wenn sich die Gesamtsumme der Minderungsbeträge dem Umfang von zwei Monatsmieten nähert, sollte beim Mieterverein, einer öffentlichen Rechtsauskunft oder beim Anwalt Rechtsrat eingeholt werden. Sonst hätte der Vermieter einen Grund für die Kündigung.

Mietminderung wegen schlechter Heizung: Wann muss sie welche Temperatur haben?

Sofern es über die Heizungstemperatur keine mietvertraglichen Vereinbarungen gibt, muss die Frage mit Hilfe der ständigen Rechtsprechung beantwortet werden.
Die folgenden Angaben können daher nur als Anhaltspunkte dienen:

- Die Heizperiode erstreckt sich vom 1.10. bis zum 30.4. In dieser Jahreszeit ist der Vermieter immer zum Heizen verpflichtet. Die Mindesttemperatur, für die der Vermieter von 6.00 bis 23.00 bzw. 24.00 Uhr sorgen muss, beträgt 20 bis 22 °Celsius (siehe unten *).
- Vom 1.5. bis zum 31.9. muss der Vermieter die Heizung einschalten, wenn die Außentemperatur drei Tage lang unter 12 °Celsius gefallen ist. Dies gilt auch, wenn die Zimmertemperatur unter 16 °Celsius gefallen ist.

Bezüglich der Heizungstemperatur existieren keine gesetzlich geregelten Richtwerte.

*) Von der Senatsverwaltung für Gesundheit und Umweltschutz Berlin werden folgende Temperaturen empfohlen:

Raum	Temperatur in °Celsius
Badezimmer	23
Wohnzimmer	21
Ess- und Kinderzimmer	20
Küche und Schlafzimmer	18
Diele	15

✉ Musterbrief: Mängelanzeige und Ankündigung einer Mietminderung

Absender … *(alle im Mietvertrag genannten Personen)*

Datum …

An den Vermieter

Mängel an der Wohnung, Mietminderung

Sehr geehrte Damen und Herren,
wie Sie wissen, bin ich Mieter der Wohnung … *(genau beschreiben, z. B. Wohnungsnummer, Stockwerk).* Seit dem … *(Datum)* weist die Wohnung folgende Mängel auf:
… *(genau beschreiben)*

* Ich fordere Sie auf, den Mangel bis zum … *(Datum)* beseitigt zu haben. Zur Absprache von Besichtigungsterminen erreichen Sie mich am besten … *(eventuell Hinweis auf Telefon am Arbeitsplatz). (Diesen Satz nur verwenden, wenn Mängel vorliegen, bei denen Sie selbst für Abhilfe sorgen könnten.)*
Sollten Sie sich mit mir bis zum … *(Datum)* nicht in Verbindung setzen, werde ich den Schaden durch einen Fachbetrieb beheben lassen und kündige Ihnen schon jetzt an, die Rechnung dann von der zu entrichtenden Miete abzuziehen.

Die Wohnung ist seit Auftreten des Mangels nur vermindert nutzbar, so dass ein geringerer Mietzins fällig ist.
Ich lege eine Mietminderung von … Prozent *(siehe Hinweise oben und Tabelle unten)* zugrunde. Dieser Betrag ist nach der laufenden Rechtsprechung angemessen.
Ich ziehe diesen Betrag also von der Miete für den Monat … *(folgenden Monat nennen)* ab und mindere die Miete in Zukunft bis zur Beseitigung der Mängel um einen Betrag von monatlich … DM *(oben genannten Prozentsatz von Nettokaltmiete ausrechnen, eintragen).*

Mit freundlichen Grüßen
Unterschrift … *(alle im Mietvertrag genannten Mieter)*

Mietminderungen von A – Z: So viel dürfen Sie bei Mängeln einbehalten

Der Prozentsatz wurde auf der Basis rechtskräftiger Urteile ermittelt. Er kann lediglich als Anhaltspunkt dienen. Abweichungen ergeben sich aus der Situation des Einzelfalls. Die Minderung bezieht sich jeweils auf die Kaltmiete.	
Abwasser fließt aus Toilette oder Bad	20–38 %
Aufzug, Ausfall, Wohnung liegt im 5. Stock	8 %
Badewanne oder Dusche unbenutzbar	20–24 %
Balkon nicht nutzbar	10 %
Bauarbeiten, starke Lärm- und Schmutzbelästigung	22 %
Bauarbeiten, umfassende Umbauarbeiten im Haus	60 %
Baugerüst steht vor dem Haus	15 %
Baulärm	10 %
Blumengarten im Hof wird entzogen	10 %
Bodenbelag birgt Stolpergefahr	5 %
Bodenkälte, z. B. wegen fehlender Isolierung	30 %
Briefkasten fehlt oder ist unbenutzbar, nicht erreichbar	3 %
Dach undicht, dadurch Feuchtigkeit und Schimmel	20 %
Elektrik fällt vollständig aus	100 %
Fäkalien in WC und Badewanne wegen Installationsdefekt	38 %
Fenster nicht verschließbar	10 %
Fenster undicht	5–10 %
Fenster undicht, durch alle Fenster dringt Feuchtigkeit	20 %
Fensterläden werden entfernt	10 %
Fernsehempfang, erhebliche Störung	10 %
Feuchtigkeit durch defekten Balkonanschluss	10 %
Feuchtigkeit im Keller nach Regen	5 %
Feuchtigkeit und Risse in Neubauwohnung	10 %
Feuchtigkeit und Schimmel an Fensterfront und Decke	25 %
Feuchtigkeit, die die Nutzbarkeit aller Räume einschränkt	20 %
Gegensprechanlage fällt aus, ist defekt	3 %
Hauseingangstür defekt, Mietblock	3 %

Heizung, Unterbeheizung auf 16 °C	17 %
Heizungsausfall im Schlafzimmer im Februar	20 %
Heizungsausfall in der Küche	20 %
Heizungsausfall, 20 Tage im Oktober bei 2 °C	25 %
Heizungsausfall, Totalausfall September bis Februar	100 %
Kamin, offen, kann nicht genutzt werden	5 %
Keller unbenutzbar	10 %
Klingel defekt	3 %
Müllschlucker defekt bzw. unbenutzbar	2 %
Oberlichter der Fenster lassen sich nicht öffnen	10 %
PKW – Einstellplätze sind nicht benutzbar, fehlen	10 %
Rauschen der Heizung	10 %
Risse und Feuchtigkeit in Neubauwohnung	10 %
Sandkasten wird entzogen oder fehlt in neuer Wohnanlage	5 %
Schallisolierung mangelhaft	10 %
Schimmel und Stockflecken	7–20 %
Toilette nicht benutzbar, einzige Toilette	80 %
Toilette nicht nutzbar, es gibt aber noch eine andere	7 %
Toilette, Entlüftung defekt	5 %
Trockenraum und Waschküche werden entzogen	5–10 %
Wärmeverluste wegen mangelnder Isolierung	25 %
Warmwasser- und Kellerwegnahme	30 %
Warmwasserversorgung defekt	10 %
Warmwasserversorgung fällt aus	10 %
Waschküche und Trockenraum werden entzogen	5–10 %
Wasser, Leitungswasser rostig	10 %
Wasseraustritt durch undichte Leitungsrohre	10 %
Wassereintritt durch undichtes Fenster	5 %
Wasserschäden an Decke und Wänden	25–30 %
Wasserschaden, völlige Durchfeuchtung der Wohnung	100 %
Wohnungstür fehlt	15 %
Wohnzimmer nicht nutzbar	30 %
Zugluft in der Wohnung (erheblich)	20 %

Streit um Mietminderung: wichtige Urteile und Entscheidungen zu Einzelfällen

Druckmittel: Mietkürzung bei fehlender Wohngeldbescheinigung
Mieter mit geringem Einkommen haben Anspruch auf Wohngeld. Für den Antrag verlangt das Wohngeldamt eine Bescheinigung, die vom Vermieter ausgestellt oder unterschrieben werden muss. Weigert sich der Vermieter, so verletzt er eine mit dem Vertrag eingegangene Nebenpflicht. Dem Mieter steht dann ein Zurückbehaltungsrecht an der Miete zu (LG Lüneburg, 26.1.1995, Aktenzeichen 6 S 96/94, veröffentlicht in WuM 12/95).

Fenster: Falscher Einbau ist ein Minderungsgrund
Werden neue Fenster schlecht eingebaut, kann das für den Vermieter teuer werden: Muss der Mieter stärker als früher heizen, ist das ein Mangel, den der Vermieter beheben muss. So lange bis der Mangel beseitigt ist, darf der Mieter 15 Prozent seiner Miete zurückhalten (AG Emden, 28.10.1988, Aktenzeichen 5 C 1197/86, veröffentlicht in NJW-RR 1989, 523).

Luxuswohnung: Auch kleinste Mängel berechtigen zu Mietminderung
Normalerweise spielt bei Mietminderungen die Gebrauchsbeeinträchtigung eine wesentliche Rolle. Liegt die Kaltmiete jedoch über 2200 DM, so sind auch kleinere Mängel zu berücksichtigen. Im vorliegenden Fall war es ohne Verschulden des Mieters zu Schimmelbildung an den Wänden gekommen. Ferner zeigte sich in der Küchenwand ein ca. 2,80 Meter langer Riss, im Hauswirtschaftsraum und im Badezimmer waren mehrere Fliesen gebrochen. Das Gericht hielt deshalb eine Mietminderung in Höhe von zwei Prozent für angemessen (LG Münster, 18.10.1995, Aktenzeichen 48 C 493/94, veröffentlicht in WuM 12/95).

Reparaturversprechen: keine Minderung
Verspricht der Vermieter, dass er einen bestimmten Fehler so schnell wie möglich beheben wird, darf der Mieter erst einmal nicht min-

Verspricht der Vermieter eine Reparatur: „schnellstmöglich" heißt nicht „sofort".

dern. Erst wenn der Vermieter sich gar nicht bemüht, den Fehler zu beseitigen, darf ein Teil der Miete zurückgehalten werden. Des weiteren ist der Mieter auch dann dazu berechtigt, wenn sich die Reparaturen so sehr verzögern, dass der Vermieter dafür geradestehen muss, weil er z. B. unerfahrene Handwerker beauftragt hat (LG Berlin, 10.1.1992, Aktenzeichen 64 S 167/91, veröffentlicht in NJW-RR 1992, 518).

Stillschweigen: Nach sechs Monaten darf nicht mehr gekürzt werden

Mängel an der Mietwohnung berechtigen den Mieter dazu, die Miete angemessen zu mindern. Weiß er über den Mangel Bescheid und zahlt sechs Monate oder länger ohne Beanstandung die vertragliche Miete weiter, kann er sein Mietminderungsrecht nicht mehr geltend machen. Es ist verwirkt (AG Rostock, 20.9.1995, Aktenzeichen 41 C 75/95, veröffentlicht in WuM 01/96).

Vermieter muss auch teure Reparaturen durchführen

Enthält das Trinkwasser einer Wohnung ständig 60 Mikrogramm Blei pro Liter, ist das ein Mangel, den der Vermieter beseitigen muss, selbst dann, wenn die Wasserrohre im gesamten Haus auszutauschen sind. Beim Mieter müssen weder Gesundheitsschäden aufgetreten sein noch ist ihm zuzumuten, dass er jedesmal erst einige Liter durchlaufen lässt, damit die Bleikonzentration auf unschädliche Werte absinkt (AG Schöneberg, 10.12.1990, Aktenzeichen 8 C 426/89, veröffentlicht in NJW-RR 1991, 782).

Wärmeisolierung: Auch in Altbauten sind diesbezügliche Mängel ein Minderungsgrund

Auch Altbauwohnungen müssen wärmeisoliert sein, sonst sind sie mangelhaft und der Mieter darf mindern. Allerdings muss der Aufwand für die Isolierung dem Hauseigentümer zumutbar sein. Ist dies der Fall und unternimmt der Eigentümer dennoch nichts, so entsteht dem Mieter ein Schaden, nämlich das, was er für Heizung mehr aufwenden muss, als in vergleichbar großen Wohnungen aufgewendet wird. Deshalb kann der Mieter einen Teil der Heizkosten einbehalten (LG Waldshut-Tiengen, 28.12.1990, Aktenzeichen 1 S 57/90, veröffentlicht in NJW-RR 1991, 592).

Neben- oder Betriebskosten: Sie müssen nicht alles bezahlen

Wenn es allein nach den Buchstaben des Gesetzes geht, schließt eine Miete alle Kosten für den Gebrauch der Wohnung ein, insbesondere auch die Kosten der Abnutzung. Weil aber viele Ausgaben je nach Ausstattung der Wohnung und dem Verhalten der Mieter mal höher oder mal niedriger ausfallen, sehen viele Mietverträge vor, dass der Mieter alle laufenden Kosten tragen muss. Das macht Sinn: Bei einer intakten Wohnung hat nur der Mieter die Kontrolle darüber, wie viel Strom, Wasser, Gas, Heizung er verbraucht.
Die sogenannte 2. Berechnungsverordnung bestimmt, welche Kosten der Vermieter zusätzlich zur Nettokaltmiete vom Mieter verlangen kann. Nun gilt diese Verordnung zwar eigentlich nur für Häuser und Wohnungen, die mit öffentlichen Mitteln gefördert werden oder bezuschusst wurden. Trotzdem wird die Verordnung auch für Wohnungen angewendet, die nicht öffentlich gefördert wurden. Denn die meisten Gerichte wenden diese Verordnung immer an – nicht als geltendes Recht, sondern als eine gerechte Idee. An dieser Idee richtet das Gericht seine eigene Entscheidung aus.

Die Betriebskosten laut dritter Anlage zur 2. Berechnungsverordnung

Die dritte Anlage zur 2. Berechnungsverordnung nennt folgende Betriebskosten, die der Vermieter dem Mieter zusätzlich zur Nettokaltmiete in Rechnung stellen kann:

1. **Laufende öffentliche Lasten** des Grundstücks, vor allem Grundsteuer, jedoch nicht die Hypothekengewinnabgabe.
2. **Kosten der Wasserversorgung**, Wasserverbrauch, Grundgebühren, Miete oder sonstige Beschaffungskosten für Zähler oder Messgeräte zur Verbrauchserfassung. Laufende Kosten dieser Geräte, einschließlich der Kosten für Berechnung und Aufteilung, Betriebskosten einer hauseigenen Wasserversorgung, Betriebskosten einer hauseigenen Wasseraufbereitungsanlage einschließlich der Aufbereitungsstoffe.

3. **Kosten der Entwässerung, Gebühren**, Betriebskosten einer entsprechenden nichtöffentlichen Anlage, Betriebskosten einer Entwässerungspumpe.

4a. **Betrieb einer zentralen Heizungsanlage** einschließlich der Abgasanlage, Brennstoffe und ihre Lieferung, Betriebsstrom für die Anlage, Bedienung, Überwachung und Pflege der Anlage, regelmäßige Prüfung ihrer Betriebsbereitschaft und Betriebssicherheit, Einstellung der Anlage durch einen Fachmann, Reinigung der Anlage und des Betriebsraums, Messungen nach dem Bundes-Immissionsschutzgesetz, Miete oder sonstige Beschaffungskosten für Zähler oder Messgeräte zur Verbrauchserfassung, Laufende Kosten dieser Geräte, einschließlich der Kosten für Berechnung und Aufteilung; oder

4b. **Betrieb einer zentralen Brennstoffversorgungsanlage**, Brennstoffe und ihre Lieferung, Betriebsstrom, Überwachung, Reinigung der Anlage und des Betriebsraums; oder

4c. **Fernwärme von anderen Lieferanten**, auch aus zentralen Heizungsanlagen, Entgelt für die Wärmelieferung, Betriebskosten der zugehörigen Hausanlagen wie unter Buchstabe a; oder

4d. **Reinigung und Wartung von Etagenheizungen**, Beseitigung von Wasserablagerungen und Verbrennungsrückständen in der Anlage, regelmäßige Prüfung der Betriebsbereitschaft und Betriebssicherheit, Einstellung durch einen Fachmann, Messungen nach dem Bundes-Immissionsschutzgesetz.

5a. **Betrieb einer zentralen Warmwasserversorgung**, Wasserversorgung wie oben unter Nummer 2, soweit nicht dort bereits berücksichtigt, Wassererwärmung wie oben unter Nummer 4a; oder

5b. **Einkauf von Warmwasser**, auch aus zentralen Versorgungsanlagen, wie oben bei Nummer 4a, zusätzlich die Betriebskosten für die passenden Hausanlagen; oder

5c. **Reinigung und Wartung von Warmwassergeräten**, Beseitigung von Wasserablagerungen und Verbrennungsrückständen im Innern der Geräte, regelmäßige Prüfung der Betriebsbereitschaft und Betriebssicherheit, Einstellung durch einen Fachmann.

6. **Verbundene Heizungs- und Warmwasserversorgung**
a. bei zentralen Heizungsanlagen wie oben unter Nummer 4a und Nummer 2, soweit nicht dort bereits berücksichtigt; oder
b. bei Fernwärme wie oben unter Nummer 4c und Nummer 2, soweit nicht dort bereits berücksichtigt; oder
c. bei verbundenen Etagenheizungen und Warmwasserversorgungsanlagen wie oben unter Nummer 4d und Nummer 2, soweit nicht dort bereits berücksichtigt.
7. **Betrieb eines Personen- oder Lastenaufzuges**, Betriebsstrom, Beaufsichtigung, Bedienung, Überwachung und Pflege der Anlage, regelmäßige Prüfung ihrer Betriebsbereitschaft und Betriebssicherheit, Einstellung durch einen Fachmann, Reinigung der Anlage.
8. **Straßenreinigung und Müllabfuhr**, Gebühren für die öffentliche Straßenreinigung und Müllabfuhr oder die Kosten entsprechender nichtöffentlicher Maßnahmen.
9. **Hausreinigung und Ungezieferbekämpfung**, Säuberung gemeinsam benutzter Gebäudeteile wie Zugänge, Flure, Treppen, Keller, Bodenräume, Waschküchen, Fahrkorb des Aufzuges.
10. **Gartenpflege**, Pflege gärtnerisch angelegter Flächen, auch die Erneuerung von Pflanzen und Gehölzen; Pflege von Spielplätzen, auch die Erneuerung des Sandes im Sandkasten, Pflege von Plätzen, Zugängen und Zufahrten, die dem nichtöffentlichen Verkehr dienen.
11. **Beleuchtung**, Strom für die Außenbeleuchtung, Strom für die Beleuchtung gemeinsam benutzter Gebäudeteile wie Zugänge, Flure, Treppen, Keller, Bodenräume, Waschküchen.
12. **Schornsteinreinigung**, Kehrgebühren, soweit nicht bereits in den Heizungsbetriebskosten nach Nummer 4a enthalten.
13. **Pflichtversicherungen** gegen Feuer-, Sturm- und Wasserschäden, gegen Glasbruch, Gebäudehaftpflicht, Öltankhaftpflicht, Aufzugshaftpflicht.
14. Kosten **für den Hauswart**, Lohn, Gehalt, Zusatzleistungen, soweit diese nicht die Instandhaltung, Instandsetzung, Erneuerung, Schönheitsreparaturen oder die Hausverwaltung betreffen. Soweit Arbeiten vom Hauswart ausgeführt werden, dürfen Kosten für Arbeitsleistungen nach den Nummern 2 bis 10 nicht angesetzt werden.

15a. **Gemeinschaftsantennenanlage**, Betriebsstrom, regelmäßige Prüfung der Betriebsbereitschaft und -sicherheit durch einen Fachmann, Einstellung durch einen Fachmann oder Nutzungsentgelt für eine nicht zur Wirtschaftseinheit gehörende Antennenanlage.

15b. **Verteilanlage für das Breitbandkabel**, Betriebsstrom, regelmäßige Prüfung der Betriebsbereitschaft und -sicherheit durch einen Fachmann, Einstellung durch einen Fachmann oder Nutzungsentgelt für eine nicht zur Wirtschaftseinheit gehörende Verteilanlage, monatliche Grundgebühren für den Kabelanschluss.

16. **Gemeinsame Waschmaschinen**, Betriebsstrom, Überwachung, regelmäßige Prüfung ihrer Betriebsbereitschaft und Betriebssicherheit, Pflege und Reinigung, Wasserversorgung, soweit nicht bereits als Posten nach Nummer 2 berücksichtigt.

17. **Sonstige Betriebskosten:** Hierunter fallen alle in den Nummern 1 bis 16 nicht genannten Betriebskosten, namentlich die Betriebskosten von Nebengebäuden, Anlagen und Einrichtungen.

Achtung: Als Mieter müssen Sie für alle diese Kosten nur dann wirklich einstehen, wenn das in Ihrem Mietvertrag ausdrücklich vereinbart ist. Ein bloßer Verweis auf die II. Berechnungsverordnung kann allerdings wirksam sein.

Checkliste Nebenkosten: Hier lauern die Tücken

Tücken bei Positionen, die praktisch immer gezahlt werden müssen	
Beleuchtung	Für alle allgemein zugänglichen Flächen muss man zahlen – aber z. B. nicht für eine Tiefgarage, in der man selbst gar keinen Stellplatz besitzt.
Grundsteuer	Vorsicht, wenn Läden oder Büros im Haus sind – dafür wird eine höhere Steuer fällig. Der Vermieter muss Wohn- und Gewerberäume getrennt abrechnen.

Heizung, Warmwasser	Dazu gehören neben Brennstoffen auch Nebenkosten (z. B. Schornsteinfeger, Verbrauchsmessung, Betriebsstrom, Wartung, Reinigung), aber keine Reparaturen.
Versicherungen	Nur für Haftpflicht-, Gebäude- oder Ölschäden muss gezahlt werden. Sind Wohnungen und Gewerbe unter einem Dach muss eine getrennte Abrechnung erfolgen (unterschiedliche Prämienhöhe).
Wasser, Abwasser	Die Mieter sollten darauf achten, dass keine Reparaturkosten (Rohrbruch) in der Abrechnung versteckt sind. Auch die Beseitigung einer Rohrverstopfung darf nicht umgelegt werden.

Tücken bei Positionen, die von Fall zu Fall bezahlt werden müssen	
Fahrstuhl	Oft werden Wartungsverträge mit Aufzugsfirmen abgeschlossen, in denen auch Kosten für kleine Reparaturen enthalten sind – letztere dürfen nicht umgelegt werden.
Feuerlöscherwartung	Vorsicht, manchmal tauchen die Kosten doppelt auf, da sie noch einmal in den Betriebskosten der Heizungsanlage aufgeführt sind. Zahlen muss man – aber nur einmal!
Gartenpflege	Nur die laufende Pflege (z. B. Laubharken) darf umgelegt werden, nicht die Neuanlage des Gartens (siehe außerdem Hausreinigung).
Gemeinschaftsantenne	Wer die Möglichkeit hat, die Anlage zu benutzen, muss Wartungskosten, Anlagenmiete oder Postgebühr auch dann anteilig zahlen, wenn er gar nicht fernsieht.
Hausmeister	Muss nur bezahlt werden, wenn es ihn wirklich gibt. Erledigt der Vermieter selbst die Hausmeisterarbeit, darf er dafür nichts verlangen (siehe Verwaltungskosten).
Hausreinigung	Muss nur gezahlt werden, wenn die Arbeiten nicht vom Hausmeister übernommen werden. Manchmal tauchen die Kosten doppelt in der Abrechnung auf.

Luxus-ausstattungen	Wo es eine Sauna oder ein Schwimmbad im Haus gibt, dürfen die Kosten auch dann auf alle Mieter umgelegt werden, wenn ein einzelner Mieter die Einrichtung nicht nutzt.
Straßenreinigung, Winterdienst	Vorsicht, auch hier wird manchmal doppelt abgerechnet (siehe Hausreinigung). Kosten für Streugut im Winter dürfen auf die Mieter umgelegt werden.
Waschmaschine	Die Kosten können pauschal umgelegt werden oder über Münzgeräte von den wirklichen Nutzern kassiert werden. Bei Sozialwohnungen müssen nur die Nutzer zahlen.

Welche laufenden Aufwendungen darf der Vermieter vom Mieter nicht als Nebenkosten verlangen?

Die folgenden Positionen darf der Vermieter von seinen Mietern nicht als Nebenkosten verlangen; sie sind durch die Kaltmiete abgedeckt. Versucht er es über die Nebenkostenabrechnung, kann man vor Gericht erfolgreich dagegen angehen. Wenn eine dieser laufenden Ausgaben teurer wird, kann der Vermieter das allerdings als Argument für eine Erhöhung der Kaltmiete verwenden.
Der Mieter muss nicht als Nebenkosten zahlen:

- die Kapitalkosten des Vermieters, d. h. die von ihm zu zahlenden Kreditzinsen, die fiktive Verzinsung des Eigenkapitals, die Kredittilgung und sonstige Finanzierungskosten wie z. B. Bürgschaftsgebühren,
- Erbbauzinsen, die der Vermieter an den Grundstückseigentümer bezahlen muss, wenn das Haus in Erbpacht gebaut wurde,
- die Abschreibung, d. h. die Wertminderung aufgrund von Abnutzung,
- die Instandhaltungskosten, d. h. Aufwendungen für Sanierungen, die aufgrund der Wettereinwirkung, der Alterung oder der normalen Benutzung notwendig sind,
- Instandhaltungsrücklagen, wenn es sich um eine vermietete Eigentumswohnung handelt,

- die Verwaltungskosten, z. B. Porto, Telefonkosten und Bankgebühren des Vermieters und Kosten einer vom Vermieter beauftragten Verwaltungsfirma,
- das Mietausfallwagnis, z. B. uneinbringliche Zahlungsrückstände von Mietern oder Kosten für Wohnungen, die vorübergehend leer stehen, sowie
- Kosten für eine Mitgliedschaft des Vermieters im Grundeigentümerverband.

✉ Musterbrief: Überprüfung der Mietnebenkosten

Absender … *(alle im Mietvertrag genannten Personen)*

Datum …

An den Vermieter

Antrag auf Einsicht in die Nebenkostendokumentation für die Wohnung … *(genaue Beschreibung)*

Sehr geehrte Damen und Herren,

mit
* der Mieterhöhung wegen Anpassung der Nebenkosten auf monatlich … DM bin ich so nicht einverstanden.

* der Nebenkostenabrechnung vom … *(Datum)* bin ich so nicht einverstanden.

Ich habe Bedenken bezüglich der Abrechnung folgender Punkte:
… *(bitte Punkte aufzählen)*

Ich bitte um Einsicht in die Unterlagen und darum, daß Sie mir für ein kurzes klärendes Gespräch zur Verfügung stehen.

Mit freundlichen Grüßen

Unterschrift … *(von allen im Mietvertrag genannten Personen)*

Vorauszahlungen für Betriebskosten – wie hoch dürfen sie sein?

Betriebskosten sind nicht Teil der Miete. Der Vermieter ist in Bezug auf diese Kosten lediglich Zahlstelle für seine Mieter, d. h., er zieht einen Vorschuss in Höhe der zu erwartenden Kosten ein und muss über die tatsächlich entstandenen Kosten einmal im Jahr eine Abrechnung vorlegen.

Wenn er erst nach der Abrechnung Geld verlangen dürfte, könnte ihn das überfordern. Denn das wäre nichts anderes als ein (zinsloser) Kredit für seine Mieter. Der Vermieter kann daher für die Betriebskosten eine Vorauszahlung verlangen.

Vorher muss er ausführlich erläutern, wie der verlangte Betrag zustande kommt. Er muss angeben,

- welche Kosten enthalten sind,
- wie die monatliche Vorauszahlung berechnet wurde (Einzelbeträge) und
- welche Ausgaben für die Wohnung im Vorjahr nötig waren.

Eine allgemeine Feststellung über steigende Öl- oder Gaspreise reicht als Begründung für die Erhöhung der Vorauszahlung nie aus.

Sobald abzusehen ist, dass die verlangten Vorauszahlungen auf Dauer nicht mehr ausreichen, um die normalerweise anfallenden Betriebskosten zu decken, kann der Vermieter sie erhöhen – unabhängig von der Miete.

Aber auch hier muss er vorher einen Brief schreiben, in dem genau aufgeführt ist, welche Kosten auf welche neuen Beträge gestiegen sind. Auch dieses Schreiben muss sich auf die konkrete Wohnung beziehen.

Die Nebenkostenabrechnung

Einmal im Jahr muss der Vermieter abrechnen. Dazu muss er in einem Brief die tatsächlichen Kosten für die Wohnung des Mieters aufschlüsseln. Erst nach der Abrechnung wird ein Kassensturz fällig. Übersteigen die Kosten die eingegangenen Vorauszahlungen, so kann der Vermieter den Differenzbetrag von seinen Mietern verlangen; hat der Vermieter mehr Vorauszahlung erhalten, als Kosten entstanden sind, so muß er das zu viel Bezahlte zurückgeben.

Kommt die Abrechnung nicht rechtzeitig, ist die Angelegenheit noch lange nicht erledigt. Es könnte ja sein, dass der Vermieter viel zu viel kassiert hat.

Der Vermieter muss die Nebenkosten nachweisen können. Er muss Einsicht in die Unterlagen gewähren (z. B. in seinem Büro), ist aber nicht verpflichtet, Fotokopien zu verschicken. Wird das verlangt, kann er Kopierkosten berechnen.

Erhalten Sie keine Abrechnung, so können Sie auf Abrechnung klagen. Kommt die Abrechnung mit einer Verspätung von erheblich über einem Jahr, so sollten Sie vorsichtshalber davon ausgehen, daß der Vermieter von Ihnen noch Geld verlangen kann, wenn die Kosten höher waren als Ihre Vorauszahlung. Die Gerichtsurteile sind hier nämlich uneinheitlich. Wenn die Abrechnung allerdings etwa zehn Jahre auf sich warten lässt, dann ist der Zahlungsanspruch des Vermieters verwirkt.

Der Vermieter ist nicht verpflichtet, die einzelnen Kosten für jede Wohnung einzeln zu erfassen.

Der Vermieter kann auch mehrere Wohnungen zu Wirtschaftseinheiten zusammenfassen und z. B. den gesamten Energieverbrauch von einem einzigen Stromzähler erfassen lassen. Das bedeutet leider für Sie als Mieter: Was Ihr Nachbar an Energie verschleudert, zahlen Sie anteilig mit.

Kommt es zum Streit um Nebenkosten, kann der Vermieter nicht kündigen – auch wenn der Rückstand des Mieters zwei Monatsmieten oder mehr beträgt. Denn Nebenkosten sind keine Mietzahlung. Der Vermieter kann den Mieter aber auf Zahlung verklagen.

DIE HEIZKOSTENABRECHNUNG – VOM GESETZGEBER GEREGELT

Die Heizkosten bilden ein besonderes Kapitel unter den sonstigen Neben- oder Betriebskosten. Eine pauschale Abgeltung ist hier grundsätzlich unzulässig. Der Gesetzgeber legt viel Wert darauf, dass das Prinzip der verbrauchsabhängigen Erfassung durchgehend

Die Heizkostenverordnung setzt der Willkür des Vermieters bei der Abrechnung enge Grenzen.

beachtet wird. Zu diesem Zweck hat er die sogenannte Heizkostenverordnung geschaffen.
Vor dem Hintergrund des energiepolitischen Handlungsbedarfs war es dabei das Hauptmotiv, einen Sparanreiz auch für den einzelnen Mieter zu schaffen.
Die Heizkostenverordnung ist seit 1981 im Bundesgebiet vorgeschrieben, bis 1995 in den neuen Bundesländern für Wohnungen, die seit dem 1.1.1991 fertiggestellt worden sind; ab 1996 auch für Wohnungen, die vor dem 1.1.1991 fertiggestellt worden sind. Sie muss immer dann angewendet werden, wenn eine Wärmeversorgung von mehreren Wohnungen mit einer Heizungsanlage vor sich geht.
Die wichtigsten **Ausnahmen** betreffen folgende Fälle:

- Für die Verbrauchsabrechnung gibt es keine dauerhafte technische Lösung.
- Die Verbrauchserfassung macht wirtschaftlich keinen Sinn.
- Die Mieter können ihren Wärmeverbrauch selbst nicht regeln. (Diese Ausnahme gilt im Westen nur für Wohnungen, die vor dem 1.7.1981 fertiggestellt worden sind, im Osten für Wohnungen, die vor dem 1.1.1991 fertiggestellt worden sind.) Als Beispiel hierfür sind insbesondere Wohnungen mit Einrohrheizsystemen zu nennen, deren Heizkörper „in Reihe" geschaltet sind und somit keinen eigenen und unabhängigen Wasserkreislauf haben.
- Mieter und Vermieter wohnen gemeinsam in einem Zweifamilienhaus.

Verbrauchsabhängige Abrechnung – was heißt das tatsächlich?

In Wirklichkeit werden nicht die gesamten Verbrauchskosten verbrauchsabhängig abgerechnet, sondern nur ein Teil. Die Spannweite liegt dabei zwischen 50 und 70 Prozent. Der Rest wird nach einem festen Maßstab abgerechnet, für gewöhnlich nach Quadratmetern. Außerdem dürfen Heiznebenkosten umgelegt werden: Betriebsstrom, Bedienungs-, Prüf-, Reinigungskosten, Kosten für Immissionsschutzmessungen, Ablesung, Erfassungsgeräte. Wenn bei Wartungsverträgen allerdings eine Reparaturpauschale enthalten ist, muss diese aus den Gesamtkosten des Wartungsvertrages herausgerechnet werden. Eine Umlage auf die Mieter ist nicht zulässig.

Wie wird die Messung durchgeführt?

Die Ermittlung des Verbrauchs erfolgt mit Messgeräten, entweder mit Wärmezählern oder mit Heizkostenverteilern. Ein **Wärmezähler** misst den absoluten Wärmeverbrauch und muss geeicht sein. Da er teuer ist, ist er in Mietwohnungen eher selten anzutreffen. Die gebräuchlichere Variante sind die **Heizkostenverteiler**. Sie messen den relativen Wärmeverbrauch und müssen deshalb nicht geeicht sein. Die abgelesenen Einheiten in einer Wohnung werden bei der Abrechnung dann in Beziehung zur Gesamtzahl der Einheiten gesetzt. Die Heizkostenverteiler gibt es wiederum in zwei Varianten: Die sogenannten Verdunster sind billig und deshalb die häufigste Lösung. Sie sind allerdings z. B. für moderne Niedertemperaturheizungen nicht zulässig. Teurer als die Verdunster sind die elektronischen Verteiler, die dafür aber auch bei Niedrigtemperaturheizungen eingesetzt werden können.

Die Heizkostenverteiler sind direkt am Heizkörper im oberen Drittel (zwischen 66 und 80 Prozent der Körperbauhöhe) anzubringen und zu verplomben. Die Platzierung muss in allen Wohnungen eines Hauses gleich sein!

Bezahlen muss die Messgeräte immer der Mieter.

Kauft der Vermieter die Geräte, gelten die Regelungen wie bei einer Modernisierung, d. h., er darf elf Prozent der auf eine Wohnung entfallenden Kosten auf die Jahresmiete umlegen. Will der Vermieter die Geräte leasen oder mieten, was fast immer teurer kommt, muss er dies den Mietern unter Angabe der Kosten mitteilen. Widersprechen die Mieter dann mehrheitlich, muss der Vermieter die Geräte kaufen.

Der Mieter zahlt allerdings nur die Kosten für die Erstausstattung bzw. die Kosten für eine Erneuerung, wenn das alte System nach dem Einbau einer neuen Heizungsanlage nicht mehr den gesetzlichen Vorschriften entspricht.

In den allermeisten Fällen führt der Vermieter Ablesung und Abrechnung der verbrauchten Einheiten nicht selbst durch, sondern beauftragt einen Wärmemessdienst.

Der Mieter ist verpflichtet, dem Mitarbeiter der Firma den Zugang zur Wohnung zu ermöglichen. Die Ankündigung muss spätestens 10 bis 14 Tage vorher erfolgen. Die Information darüber muss individuell erfolgen oder durch einen für alle Mieter gut sichtbaren Hinweis. Trifft der Ableser in Ihrer Wohnung niemanden an, so muss er

frühestens 14 Tage später wiederkommen, und zwar, wenn möglich, nach 17.00 Uhr. Sie können aber auch, was zu empfehlen ist, den zweiten Termin direkt mit der Ablesefirma vereinbaren. Sie sind berechtigt, den vorgegebenen Termin abzusagen.
Bevor der Ableser kommt, sollten Sie sich die Zähler- bzw. Verteilerstände für jeden einzelnen Heizkörper notieren und dann Ihre Ergebnisse genau mit denen des Ablesers vergleichen. Bei Unterschieden brauchen Sie das Ableseprotokoll nicht zu unterschreiben. Behalten Sie eine Kopie des Protokolls ein, und bewahren Sie sie gut auf.
Verschaffen Sie sich auch einen Überblick über den Verbrauch der letzten Jahre, und vergleichen Sie ihn mit den aktuellen Werten. Kommen Ihnen die aktuellen Werte viel zu hoch vor, so mag es ja beispielsweise auch daran liegen, dass die Protokolle in der Verwaltung verwechselt wurden, so dass Sie die Rechnung Ihres verschwenderischen Nachbarn zahlen.

Bis wann muss die Heizkostenabrechnung da sein?
Sagt der Mietvertrag darüber nichts aus, muss die Abrechnung spätestens zwölf Monate nach dem Ende des Berechnungszeitraums eintreffen.

Verbrauchsabhängige Heizkosten: So wird gerechnet
Wenn die Abrechnung dann da ist, sollten Sie sich die Mühe machen und sie kontrollieren. Zuerst müssen Sie die Angaben herausfinden, die Sie für das folgende Rechenmuster brauchen. Notieren Sie die entsprechenden Zahlen, und setzen Sie sie nachher in die Rechnung ein.
Diese Angaben brauchen Sie:

- Verbrauchskosten des gesamten Hauses oder der gesamten Wirtschaftseinheit
- Verbrauchsabhängiger Anteil in Prozent (meistens 50 Prozent)
- Quadratmeterfläche des ganzen Hauses oder der Wirtschaftseinheit
- Quadratmeterfläche Ihrer Wohnung (zur Wohnflächenberechnung siehe Seite 40f.)
- Abgelesene Einheiten im gesamten Haus oder in der gesamten Wirtschaftseinheit
- Summe der abgelesenen Einheiten in Ihrer Wohnung

RECHENSCHEMA ZUR KONTROLLE IHRER HEIZUNGSABRECHNUNG

Verbrauchskosten des gesamten Hauses oder der gesamten Wirtschaftseinheit				Ergebnis 1
↓				↓
	:	**100**	=	
Ergebnis 1		Verbrauchsabhängiger Anteil in Prozent (meist 50 %)		Ergebnis 2
↓		↓		↓
	x		=	
Verbrauchskosten des gesamten Hauses oder der gesamten Wirtschaftseinheit		Ergebnis 2		Ergebnis 3
↓		↓		↓
	–		=	
Ergebnis 3		Quadratmeterfläche des ganzen Hauses oder der gesamten Wirtschaftseinheit		Ergebnis 4
↓		↓		↓
	:		=	

Ergebnis 4		Quadratmeter-fläche Ihrer Wohnung		Ergebnis 5
↓		↓		↓
	x		=	

Ergebnis 2		Abgelesene Einheiten im gesamten Haus oder in der gesamten Wirtschaftseinheit		Ergebnis 6
↓		↓		↓
	:		=	

Ergebnis 6		Summe der abgelesenen Einheiten in Ihrer Wohnung		Ergebnis 7
↓		↓		↓
	x		=	

Ergebnis 5		Ergebnis 7		richtige Höhe Ihrer Heizkosten
↓		↓		↓
	+		=	

Streit um Nebenkosten: wichtige Urteile und Entscheidungen zu Einzelfällen

Abrechnung: bei unberechtigten Nebenkosten Rückforderung vorbehalten

Wer unberechtigte Nebenkosten zahlt, obwohl er weiß, dass sie unberechtigt sind, kann sie nicht ohne weiteres zurückfordern. Er hätte schon bei der Zahlung erklären müssen, dass er sich die Rückforderung vorbehält. Verwaltungsgebühren, Verwaltervergütung, allgemeine Instandsetzung oder eine Reparaturkostenbeteiligung muss der Mieter nicht bezahlen. Wer das weiß und trotzdem zahlt, ist selbst schuld (AG Königstein, 17.3.1988, Aktenzeichen 23 C 458/87, veröffentlicht in NJW-RR 1989, 270).

Abrechnung: Vermieter muss sich rechtzeitig melden

Der Vermieter darf keine ausstehenden Nebenkostenvorschüsse verlangen, wenn er selbst mit der Abrechnung zu spät dran ist. Innerhalb eines Jahres muss der Vermieter eine Aufstellung der Betriebskosten vorlegen. Wird z. B. monatlich gezahlt, muss der Vermieter die Abrechnung spätestens am Anfang des nächsten Monats im Folgejahr vorlegen (OLG Hamburg, 2.11.1988, Aktenzeichen 4 U 150/88, veröffentlicht in NJW-RR 1989, 82).

Abrechnungseinheiten: Mehrere Wohnungen dürfen zusammengefasst werden

In frei finanzierten Wohnungen kann der Vermieter es sich einfach machen: Er fasst mehrere Gebäude zu Abrechnungseinheiten zusammen und verteilt die Betriebskosten anteilig auf die Mieter. Nur im Ausnahmefall ist das ungerecht (OLG Koblenz, 27.2.1990, Aktenzeichen 4 W RE 32/88, veröffentlicht in NJW-RR 1990, 1038).

Belege: Vermieter darf keine Zettelwirtschaft präsentieren

Jeder Vermieter muss die in der Nebenkostenabrechnung geforderten Beträge nachweisen können. Der Mieter muss zumindest die Gelegenheit haben, sich die Unterlagen im Büro des Vermieters anzuschauen. Wird dem Mieter dann ein unordentlicher Haufen mit mehreren hundert Belegen präsentiert, von denen die meisten gar keine Bedeutung für die Nebenkostenabrechnung haben, kann die Zahlung verweigert werden. Dem Mieter ist nicht zuzumuten, sich die entscheidenden Unterlagen mühsam selbst zusammenzusuchen (AG Hamburg, Aktenzeichen 40 B C 1488/92).

Erhöhung: Auch Mehrbetrag muss aufgeschlüsselt werden

Eine ordnungsgemäße Betriebs- oder Nebenkostenabrechnung muss nicht nur die Beträge für einzelne Positionen nennen. Es müssen auf Verlangen auch alle Posten nach Rechnungsdaten aufzuschlüsseln sein, damit eine Überprüfung der Belege durch die Mieter leicht möglich ist. Entsprechendes gilt für eine vom Vermieter verlangte Erhöhung der Betriebskosten. Es genügt nicht, einen Mehrbetrag zu fordern, sondern die Summe muss aufgeschlüsselt werden (LG Berlin, Aktenzeichen 65 S 94/95, veröffentlicht in WuM 12/95).

Legt der Mietvertrag fest, dass der Mieter die Wartungs- und Reinigungskosten einer Etagenheizung übernehmen soll, ist die Klausel unwirksam.

Etagenheizung: Vermieter muss Wartung zahlen

Wartung und Reinigung einer Etagenheizung sind Vermietersache. Folglich muss der Vermieter dem Mieter die nötigen Auslagen und Aufwendungen ersetzen (LG Berlin, 10.1.1992, Aktenzeichen 64 S 291/91, veröffentlicht in ZMR 1992, 302).

Fahrstuhlkosten: Auch Parterremieter müssen zahlen

An einem Fahrstuhl müssen sich auch die Bewohner der Erdgeschosswohnung beteiligen. Werden sie durch den Mietvertrag zu diesen Betriebskosten herangezogen, ist das im Bereich des freien Mietraums nicht gesetzwidrig. Auch wenn es sich um preisgebundenen Wohnraum (Sozialwohnungen) handelt, zahlt das Parterre mit: Hier dürfen die Erdgeschossmieter allerdings von den Aufzugskosten freigestellt werden, wenn alle Mitmieter einverstanden sind (AG Frankfurt, 1.6.1989, Aktenzeichen 33 C 493/89 – 26, veröffentlicht in NJW-RR 1989, 1359).

Fahrstuhlkosten: Es muss einen Aufzug im Haus geben

Auch wenn mehrere Häuser zur selben Wirtschaftseinheit gehören, dürfen den Mietern keine Aufzugskosten aufgebürdet werden, wenn in ihrem Haus kein Fahrstuhl installiert ist (AG Trier, 13.6.1989, Aktenzeichen 7 C 149/89, veröffentlicht in NJW-RR 1989, 1170).

Frist: Betriebskostenabrechung spätestens nach zwölf Monaten
Viele Vermieter lassen sich Zeit mit der Zustellung der Betriebskostenabrechnung über die geleisteten Vorauszahlungen (gemäß Betriebskostenumlageverordnung). Oftmals fehlt es an einer verbindlichen Frist im Mietvertrag. Hier kann die Neubaumietenverordnung als Leitlinie dienen. Sie bestimmt, dass der Mieter die Abrechnung spätestens zwölf Monate nach Ende des Abrechungszeitraumes erhalten muss (AG Potsdam, Aktenzeichen 26 C 283/94, veröffentlicht in WuM 12/95).

Grundlasten: Vermieter darf umlegen
Wenn auf das Wohnhaus zum ersten Mal Grundsteuer erhoben wird, darf der Vermieter diese Mehrkosten auf die Mieter umlegen. Dies gilt auch dann, wenn solche Grundlasten beim Abschluss der Mietverträge aus dem Katalog der Nebenkosten gestrichen worden sind. Denn damals konnte man noch nicht absehen, dass diese Kosten irgendwann einmal erhoben werden würden (AG Leverkusen, 16.11.1993, Aktenzeichen 28 C 250/93, veröffentlicht in NJW-RR 1994, 400).

Hausverwaltung: Kosten sind nicht umlagefähig
Auch wenn es im Mietvertrag so vereinbart worden ist, dürfen die Kosten der Hausverwaltung nicht auf die Mieter umgelegt werden (LG Braunschweig, 15.2.1991, Aktenzeichen 6 S 338/90, veröffentlicht in NJW-RR 1991, 1230).

Wie sich der Vermieter um sein Haus und die Wohnungen kümmert, ist sein Problem.

Investitionen: keine Anrechnung bei Nebenkosten
Mieter müssen zwar die laufenden Kosten eines Zählgerätes zahlen, also z. B. die Miete des Wasserzählers. Für die Kosten eines Austauschs solcher Einrichtungen müssen sie jedoch nicht aufkommen, denn das gehört zur normalen Instandhaltung des Wohnhauses, die allein Sache des Vermieters ist (AG Überlingen, 10.8.1994, Aktenzeichen 1 C 606/94, veröffentlicht in NJW-RR 1995, 268).

Läden im Wohnhaus: Nebenkosten müssen aufgeschlüsselt werden
Befinden sich Gewerbe- und Wohnräume unter einem Dach, sollten Nebenkostenabrechnungen besonders sorgfältig kontrolliert

werden, denn Gewerbebetriebe verbrauchen z. B. mehr Wasser, verursachen mehr Müll als normale Mieter. Mieter können deshalb in solchen Häusern verlangen, dass nach Wohn- und Gewerberäumen getrennt abgerechnet wird. Der Vermieter muss den Verteilerschlüssel vorlegen (AG Halle – Saalkreis, Aktenzeichen 96 C 627/94, veröffentlicht in WuM 12/95).

Müllgebühren: Verteilungsschlüssel muss angepasst werden
Betriebskosten werden grundsätzlich anteilig nach der Wohnungsfläche der jeweiligen Mietwohnungen auf die Mieter verteilt. Rechnet die Gemeinde allerdings mit dem Vermieter auf der Grundlage der tatsächlich anfallenden Müllmenge ab, so hat der Mieter Anspruch auf Änderung des Verteilungsschlüssels entsprechend dem individuellen Müllaufkommen, z. B. auf Grundlage der Personenzahl (AG Moers, 21.11.1994, Aktenzeichen 7 C 749/93, veröffentlicht in WuM 02/96).

Nebenkosten: Es muss eine Vereinbarung geben
Verlangt der Vermieter nach dem Mietvertrag einen bestimmten Betrag zuzüglich der Heizkosten, dann schließt der Grundbetrag normalerweise alle sonstigen Betriebskosten mit ein. Wenn eine Mieterhöhung ansteht, ist von diesem Grundbetrag auszugehen (OLG Hamm, 3.12.1992, Aktenzeichen 30 REMiet 4/92, veröffentlicht in NJW-RR 1993, 398).

Nutzerwechsel: Vermieter muss Kosten für Zwischenablesung tragen
Die Heizkosten für Mietwohnungen werden zur Hälfte verbrauchsabhängig umgelegt. Deshalb ist vorgeschrieben, dass bei einem Mieterwechsel eine Zwischenablesung vorgenommen werden muss. Auch hierbei entstehen Kosten. Fehlt es an einer entsprechenden Vereinbarung im Mietvertrag, darf der Vermieter diese Kosten nicht dem ausziehenden Mieter aufbürden (AG Augsburg, 11.5.1995, Aktenzeichen 3 C 693/95, veröffentlicht in WuM 02/96).

Pauschalierung: bei Nebenkosten nicht ohne weiteres zulässig
Nebenkosten müssen aufgeschlüsselt werden: Wenn im Mietvertrag etwas anderes steht, sollte man zweimal hinsehen. Handelt es

sich um ein Vertragsformular, ist diese Klausel schlichtweg unwirksam. Sie benachteiligt den Mieter zu stark. Ist der Vertrag jedoch so vereinbart worden, ohne dass der Vermieter sich einer Formulierungshilfe bedient hat oder ähnliche Verträge auch mit anderen schließen wollte, kann eine solche Klausel doch wirksam sein (OLG Düsseldorf, 25.7.1991, Aktenzeichen 10 U 1/91, veröffentlicht in NJW-RR 1991, 1354).

Überprüfung: Mieter kann auch die Abrechnungen der Nachbarn verlangen
Der Mieter muss seine Heizkostenabrechnung überprüfen können. Zu diesem Zweck darf er auch die Verbrauchswerte seiner Nachbarn sehen. Wenn der Mieter diesen Wunsch äußert, muss der Vermieter die entsprechenden Forderungen erfüllen und dem Mieter eine angemessene Prüfungsfrist einräumen (AG Garmisch-Partenkirchen, Aktenzeichen 6 C 501/95, veröffentlicht in WuM 3/1996, 155).

Verjährung: Anspruch auf Nebenkosten verwirkt
Wenn der Vermieter mehr als zehn Jahre keine Betriebskostenabrechnungen erstellt, kann der Mieter davon ausgehen, dass auf ihn keine Kosten mehr zukommen (AG Dortmund, 17.1.1995, Aktenzeichen 125 C 17192/93, veröffentlicht in NJW-RR 1995, 971).

Spätestens nach zehn Jahren hat der Vermieter seinen Anspruch auf Nebenkosten verwirkt.

Verjährung: keine Verwirkung bei sonst regelmäßiger Abrechnung
Sofern klar ist, dass für Nebenkosten eine monatliche Vorauszahlung fällig ist und einmal im Jahr abgerechnet wird, kann sich der Vermieter Zeit lassen: Auch wenn acht Jahre lang keine Abrechnung vorgelegt wurde, bleibt es nicht allein bei der Pauschale. Sobald der Vermieter die Abrechnung vorlegt, muss die Differenz zwischen der bereits gezahlten Pauschale und den tatsächlichen Kosten gezahlt werden (LG Stuttgart, 13.2.1991, Aktenzeichen 13 S 215/90, veröffentlicht in NJW-RR 1991, 782).

Verjährung: Zeitpunkt der Abrechnung zählt
Will der Vermieter Heizkosten eintreiben, muss er eine detaillierte Abrechnung vorlegen. Schafft er das nicht innerhalb von vier Jahren, sind die Mieter trotzdem nicht sicher vor einer Nachforderung:

Die Verjährung beginnt nämlich erst zu dem Zeitpunkt, an dem die Kostenrechnung beim Mieter im Briefkasten liegt. Der Vermieter muss allerdings nachweisen, dass dem Mieter die Abrechnung zugegangen ist (BGH, 19.12.1990, Aktenzeichen VIII ARZ 5/90, veröffentlicht in NJW 1991, 836 und LG Mühlhausen, 16.3.1995, Aktenzeichen 1 S 384/94, veröffentlicht in DtZ 1995, 375).

Modernisierung: Mieterhöhung durch die Hintertür

Blitzcheckliste: Modernisierung

Eine geplante Modernisierung wird angekündigt. Der Mieter soll seine Zustimmung erklären.

↓

Sind Vorschriften für **Frist und Form des Zustimmungsverlangens** eingehalten (Angabe des Arbeitsbeginns, Zugang des Briefes zwei Monate vor diesem Termin, Beschreibung der Arbeiten)?

→ Hinweise und Brief siehe Seite 79 und Seite 81f.

← NEIN ↓ JA

Führen die Arbeiten wirklich zu einer echten **Verbesserung des Wohnwertes**, erhöht sich der Komfort, wird dadurch Wasser oder Energie gespart?

→ Hinweise siehe Seite 77ff.

← NEIN ↓ JA

Ist die voraussichtliche **Dauer der Arbeiten**, sind die zu erwartenden **Belästigungen für die Mieter** angegeben?

→ Hinweise siehe Seite 78ff.

← NEIN ↓ JA

Sind die **voraussichtlichen Kosten der Arbeiten** angegeben, und ist ein **Anteil für Reparatur- oder Instandhaltungsarbeiten** abgezogen?

→ Hinweise siehe Seite 107f.

← NEIN ↓ JA

Ist anhand der voraussichtlichen Kosten der Arbeiten ausgerechnet, welcher **Wertverbesserungszuschlag für den Mieter** monatlich zu erwarten ist? (Wenn keine anteiligen Kosten genannt sind, NEIN-Pfad folgen.)

→ Hinweise siehe Seite 77ff.

↓← NEIN ↓ JA

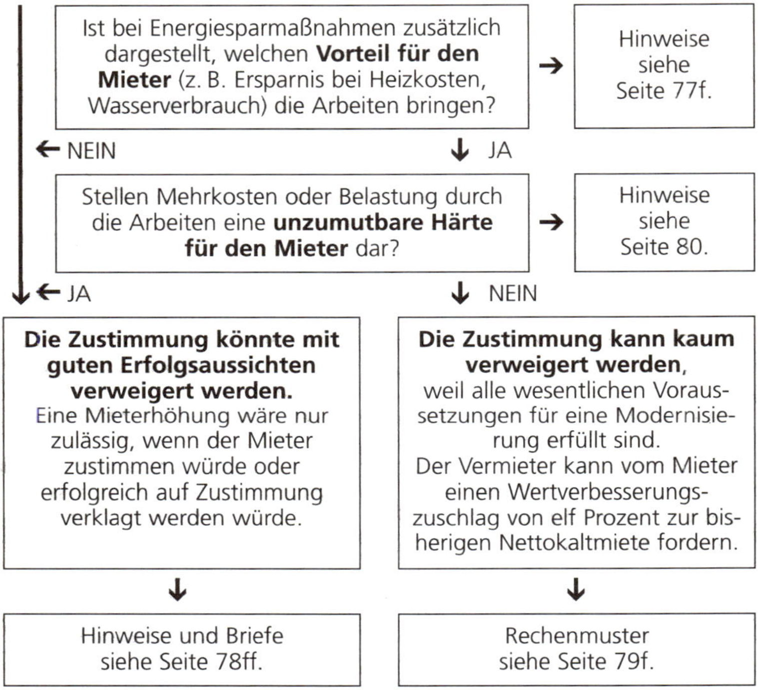

Gegen Modernisierung von bestehendem Wohnraum kann niemand etwas einzuwenden haben. Denn normalerweise liegt es einerseits im Interesse des Mieters, eine Wohnung mit gutem Komfort und zeitgemäßer, also gelegentlich anzupassender Ausstattung zu haben, und andererseits im Interesse des Vermieters, das Eigentum aufzuwerten bzw. den Komfort auf Neubauniveau zu bringen, um dauerhaft die Vermietbarkeit zu sichern.
Gerade in Phasen geringerer Mieterhöhungsmöglichkeiten (wirtschaftliche Stagnation, geringe Steigerung der Lebenshaltungskosten, geringere Nachfrage nach Wohnraum der jeweiligen Art) wird die Modernisierung allerdings oft missbraucht, um auf anderem Wege nicht durchsetzbare Mieterhöhungen zu begründen.

Modernisierung dient oft als Vorwand für Mieterhöhungen, die sich sonst nicht durchsetzen lassen.

Mieterorganisationen wie der Verein „Mieter helfen Mietern" oder „Deutscher Mieterbund" bekommen deshalb haufenweise Fälle auf den Tisch, in denen auf dem Umweg über „Modernisierung" die Miete stark erhöht werden soll. Denn wenn sich der Wohnwert verbessert, darf eine höhere Vergleichsmiete zur Begründung von Preissteigerungen herangezogen werden.

In sehr vielen Fällen wird bei Modernisierungen gegen Vorschriften verstoßen.

Oftmals aber spekulieren die Vermieter auf die zweite erlaubte Anhebungsmöglichkeit: Elf Prozent der Umbaukosten (siehe Rechenformel Seite 79f.) dürfen nämlich auf die Jahresmiete umgelegt werden. Faustregel: 10.000 DM Modernisierungskosten berechtigen zu einem monatlichen Wertverbesserungszuschlag von 91,66 DM.

Modernisiert werden darf nur, wenn

- es sich dabei um eine echte Verbesserung des Wohnwertes handelt, die keine Luxusmodernisierung (unnötige, aber teure Verbesserungen) darstellt,
- die Belästigungen durch die erforderlichen Bauarbeiten den Bewohnern zumutbar sind,
- die Mehrkosten in vernünftigem Verhältnis zu den erzielten Wasser- oder Energieeinsparungen oder zur Steigerung des Wohnwertes stehen.

Ist eines der Kriterien nicht erfüllt, kann der Mieter eine Modernisierung ablehnen. Der Vermieter müsste ihn dann auf Zustimmung verklagen.

Oft ist es gar nicht die Modernisierung selbst, die fragwürdig ist. Denn gegen eine bessere Wohnung zu etwas höherem Preis wird sich kaum ein Mieter wehren. Die Tücke liegt eher darin, dass mit den Kosten nicht korrekt umgegangen wird.

Vieles, was gegenüber dem Mieter als Modernisierung abgerechnet wird, hätte der Hauseigentümer allein zu bezahlen.

Fast zwangsläufig werden neben den Verbesserungen nämlich auch solche Arbeiten gleich „in einem Rutsch" erledigt, zu denen der Vermieter verpflichtet wäre: Reparaturen. Weil die Kosten dafür aber bereits mit der ganz normalen Miete abgegolten sind, lässt sich mancher unseriöse Vermieter ein und dieselbe Sache (Instandhaltung seines Eigentums, zu der er verpflichtet ist), gleich doppelt bezahlen – nämlich mit der Miete und einem Modernisierungszuschlag für Wohnwertverbesserung (siehe hierzu auch unsere Hinweise zu Reparaturen Seite 107ff.).

- Jeder Vermieter sollte deshalb eine saubere Trennung zwischen seiner selbstverständlichen Instandhaltungspflicht (Reparaturen) und sinnvollen Modernisierungen vornehmen.
- Jeder Mieter sollte, sobald das Wort Modernisierung fällt, sofort überprüfen, ob die wichtigsten Vorschriften eingehalten sind. Wenn Zweifel auftauchen, ist sein sofortiger Widerspruch erforderlich.

Wer mit einer Modernisierung nicht einverstanden ist, sollte alle Arbeiten innerhalb der Wohnung (mit Ausnahme von Notreparaturen, Instandsetzungen) verweigern. Denn einige Gerichte vertreten die Ansicht, dass Mieter die Modernisierung stillschweigend genehmigen, wenn sie Arbeiten in ihrer Wohnung dulden.

Für die Modernisierung gibt es viele Vorschriften

Für die Modernisierung und andere Umbauten sowie die damit verbundenen Mieterhöhungen gibt es natürlich Vorschriften (§ 3 MHG). Unter einer Modernisierung versteht das Gesetz bauliche Maßnahmen, die

- den Gebrauchswert der Wohnung nachhaltig erhöhen oder
- die Wohnverhältnisse auf Dauer verbessern oder
- nachhaltig Einsparungen von Heizenergie oder Wasser bewirken.

Wenn der Vermieter das Haus umbaut, weil er beispielsweise an neue Vorschriften gebunden ist, so fällt dies ebenso unter die Vorschriften von § 3 MHG. Aber wenn er im Haus nach eigenem Belieben Veränderungen vornimmt, muss er die Kosten alleine tragen – außer wenn damit gleichzeitig eine Modernisierung verbunden ist.

Alle Vorschriften über die Modernisierung sind nur unter zwei Voraussetzungen anzuwenden:

- Die Baumaßnahmen betreffen Ihre Wohnung in nennenswertem Umfang – das ist sicher nicht der Fall, wenn Sie die Arbeiter weder sehen noch hören.

- Die Miete wird in nennenswertem Umfang angehoben – das ist sicher nicht der Fall, wenn sich die Erhöhung im Bereich von 10 bis 100 DM pro Jahr abspielt.

Sofern diese Bedingungen erfüllt sind, muss der Vermieter den betroffenen Mietern zwei Monate vorher schriftlich mitteilen, dass er modernisieren oder umbauen will (§ 541b BGB). Das Schreiben muss darüber informieren

- was gebaut wird (Art),
- wieviel gebaut wird (Umfang),
- wann gebaut wird (Beginn),
- wie lange gebaut wird (Dauer),
- wie teuer das für den Mieter wird (Mieterhöhung).

Der Vermieter darf elf Prozent der Kosten für solche Umbauten auf die Jahresmiete aufschlagen. Wenn mehrere Wohnungen betroffen sind, müssen die Kosten natürlich auf mehrere Wohnungen umgelegt werden. Das können Sie mit unserem Berechnungsformular prüfen:

Rechenmuster für Mieterhöhungen wegen Modernisierung

Tragen Sie die **Modernisierungskosten nur für die betreffende Wohnung** (eventuell abzüglich der sowieso fälligen Kosten für Reparaturen, denn diese muss der Vermieter allein bezahlen) bitte hier ein.	→	**... DM** ↓
Teilen Sie diesen Betrag durch 100.		**: 100 =** ↓
Tragen Sie hier das **Zwischenergebnis 1** ein.	→	**... DM** ↓
Multiplikation: Das Zwischenergebnis muss jetzt **mit 11 malgenommen** werden.	→	**x 11 =** ↓

Tragen Sie hier das **Zwischenergebnis 2** ein.	→	**... DM**
		↓
Division: Das Zwischenergebnis 2 muss jetzt **durch 12 geteilt** werden.	→	**: 12 =**
		↓
Endergebnis: Die monatliche Mieterhöhung darf so hoch ausfallen:	→	**... DM**

Was tun, wenn man gegen die Modernisierung ist?

Der Mieter muss solchen Baumaßnahmen im Prinzip nicht zustimmen, er hat sie zu dulden. Wenn Sie also gar nichts tun, wird der Vermieter einfach anfangen. Wenn Sie aber etwas gegen die Umbauten und die damit verbundene Mieterhöhung haben, bleiben Ihnen zwei Wege offen: Sie können nachweisen, dass die Baumaßnahmen für Sie eine unzumutbare Härte darstellen, oder Sie können die Wohnung kündigen.

Eine **unzumutbare Härte** kann dadurch gegeben sein, dass

- die Arbeiten Ihr Leben während der Bauzeit unzumutbar beeinträchtigen würden (Lärm, Heizungsarbeiten im Winter usw.),
- Sie trotz Ihres Alters während der Arbeiten die Wohnung verlassen müssten,
- die Umbauten selbst Ihnen nicht zugemutet werden dürfen, z. B. wenn der Aufzug ausgebaut werden soll, obwohl Sie Rollstuhlfahrer sind und im vierten Stock wohnen,
- die Mieterhöhung Ihre finanzielle Leistungsfähigkeit übersteigt, sofern die Umbauten nicht dazu dienen, die Wohnung an einen allgemeinen Standard anzupassen,
- Sie selbst bereits einiges eingebaut oder verbessert haben, z. B. wenn Sie gerade drei Monate vorher mit Zustimmung des Vermieters einen neuen Ofen gekauft haben, der jetzt von einer Zentralheizung abgelöst werden soll.

Wenn Sie **kündigen** wollen, müssen Sie dies innerhalb des Monats tun, der auf die Mitteilung folgt. Am Ende des darauf folgenden Monats müssen Sie ausgezogen sein.

Beispiel: Kommt die Mitteilung am 23.4., muss Ihre Kündigung allerspätestens am 31.5. im Briefkasten des Vermieters liegen. Und am 30.6. müssen Sie ausgezogen sein.

Haben Sie keine Angst vor Schikanen – Kündigung ist ausgeschlossen!

Lassen Sie sich auch durch Drohungen nicht einschüchtern: Wer eine seiner Meinung nach unnötige Modernisierung und/oder einen vermeintlich unzulässigen Mietzuschlag ablehnt, riskiert nicht den Verlust seiner Wohnung.

Schlimmstenfalls kann passieren, dass der Vermieter Sie auf Zustimmung verklagt. Ein Kündigungsgrund ist Ihre Ablehnung nicht.

Der Vermieter darf sich oder Handwerkern auch nicht mit Gewalt oder per einstweiliger Verfügung Zutritt zu Ihrer Wohnung verschaffen. Im Gegenteil: Sie können ihn und seine Handwerker sogar von der Polizei hinauswerfen lassen. Nur Reparaturen und Instandhaltungsarbeiten müssen Sie zulassen. Weigern Sie sich, so kann das den Vermieter zu Schadenersatzansprüchen (für Handwerkermehrkosten, Folgekosten eines zunächst harmlosen Schadens) berechtigen. Aber Reparatur- oder Instandhaltungsarbeiten rechtfertigen keine Mieterhöhung.

✉ Musterbrief: Widerspruch gegen Modernisierung

Absender … *(alle im Vertrag genannten Personen)*

Datum …

An den Vermieter …

Widerspruch gegen Modernisierungsankündigung für die Wohnung … *(Straße, Hausnummer, Etage)*

Sehr geehrte Damen und Herren,

die von Ihnen mit Schreiben vom ... erbetene Zustimmung zur Modernisierung kann ich Ihnen nicht erteilen.
In Ihrer Mitteilung fehlt

* eine genaue Kostenaufstellung für die Modernisierung, aus der die von mir zu tragende monatliche Mehrbelastung zu erkennen ist.

* ein Abzug des Betrages, der für die Instandhaltung des alten Bauzustandes aufzuwenden sein würde. Wie Ihnen bekannt ist, dürfen Instandhaltungs- oder Reparaturkosten nicht auf die Mieter umgelegt werden. Sie sind bereits durch die normale Mietzahlung abgegolten und müssen aus den Modernisierungskosten herausgerechnet werden.

* Die Modernisierung stellt keine echte Wohnwertverbesserung dar, die Forderung nach einem Wertverbesserungszuschlag ist insofern nicht gerechtfertigt.

* Es handelt sich um Luxusmodernisierung, die nicht durch § 541 b BGB gedeckt ist.

* Hilfsweise trage ich vor, dass es sich bei der Modernisierung für mich um eine unzumutbare Härte handelt, weil ...
(treffende Begründung wäre z. B. Belästigung durch erhebliche Baumaßnahmen – evtl. auch zu einer ungünstigen Jahreszeit – bei Behinderung oder Krankheit oder hohem Alter).

Ich versage deshalb meine Zustimmung.

Mit freundlichen Grüßen

Unterschrift ... *(wie Absender)*

✉ Musterbrief: Widerspruch gegen Modernisierungserhöhung

Absender … *(alle im Vertrag genannten Personen)*

Datum …

An den Vermieter …

Widerspruch gegen Modernisierungserhöhung für die Wohnung … *(Lage, Straße, Hausnummer, Etage)*

Sehr geehrte Damen und Herren,

mit der mir am … mitgeteilten Mieterhöhung wegen Modernisierung bin ich nicht einverstanden. Die Zustimmung kann so nicht erteilt werden.

* In der Kostenaufstellung für die Modernisierung ist der fiktive Betrag nicht abgezogen, der für die Instandhaltung des alten Bauzustandes aufzuwenden gewesen wäre. Wie Ihnen bekannt ist, dürfen jedoch Instandhaltungs- oder Reparaturkosten nicht auf die Mieter umgelegt werden. Sie sind bereits durch die normale Mietzahlung abgegolten und müssen aus den Modernisierungskosten herausgerechnet werden.

* Die Modernisierung stellt keine echte Wohnwertverbesserung dar, die Forderung nach einem Wertverbesserungszuschlag ist insofern nicht gerechtfertigt.

* Die Modernisierung und die damit verbundene Mieterhöhung wurde nicht zwei Monate vor Beginn der Modernisierungsarbeiten in korrektem Umfang dargelegt und angekündigt.

* Es handelt sich um Luxusmodernisierung, die nicht durch § 541 b BGB gedeckt ist.

* Hilfsweise trage ich vor, dass es sich bei der Mieterhöhung für mich um eine unzumutbare Härte handelt, weil …
(treffende Begründung wäre z. B. Mietsteigerung von über 30 Prozent bei sozialschwachen Personen).

Mit freundlichen Grüßen

Unterschrift … *(wie Absender)*

Eigenmodernisierung: was Sie dabei beachten müssen

Gemütlich soll die Wohnung sein. Und das lassen sich viele Mieter auch gern etwas kosten – vom neuen Türgriff für 9,95 DM bis zur luxuriösen Einbauküche für 30.000 DM. Rund zehn Milliarden DM investieren Mieter nach Expertenschätzungen pro Jahr in Wohnungen, die ihnen nicht gehören. Aber die Freude über das schöne Zuhause endet oft in einer bösen Überraschung. Zunächst einmal gilt: Der Vermieter muss sich an Ihren Verschönerungen und Modernisierungen finanziell nicht beteiligen.

Im ungünstigsten Fall kann der Vermieter sogar verlangen, dass der Mieter seine teuren Einbauten wieder herausreißt, auf den Müll wirft und den viel schlechteren Zustand der Wohnung wiederherstellt.

Diese völlig verrückte Situation tritt meist dann ein, wenn Mieter ausziehen oder Vermieter auf eigene Rechnung modernisieren wollen. Wer die Eigenmodernisierung nicht durch einen Vertrag mit dem Vermieter abgesichert hat, kann dann auch nach dem Gesetz völlig legal ein zweites Mal zur Kasse gebeten werden – für die Beseitigung seiner Einbauten. Die meisten Mieter geben viel Geld aus, ohne je an eine solche Vereinbarung gedacht zu haben.
Typisches Beispiel ist der Badezimmereinbau: Viele Mieter legen selbst Hand an, durchschnittlich 10.000 DM kostet ein neues Bad mit Kacheln, Armaturen, Sanitärobjekten und Handwerkerlohn. Beschließt der Vermieter ein Jahr später, alle Bäder in seinem Haus einheitlich modernisieren zu lassen, muss er Mietern für das auf eigene Kosten erneuerte Bad keinen Pfennig Ersatz zahlen. Er darf ihre Kacheln wieder abschlagen lassen. Und er kann sogar noch die Miete erhöhen.

Bevor man Geld in Mietwohnungen investiert, sollte eine kurze Vereinbarung mit dem Vermieter getroffen werden.

Dort wird notiert, welche Einbauten der Mieter vornimmt, wie hoch deren Neuwert ist und was der Mieter beim Auszug erstattet bekommt bzw. wie lange er seine Einbauten abwohnen kann. Nur mit einem solchen – auch formlosen – Vertrag kann man sicher sein, den Restwert der Einbauten erstattet zu bekommen. Dies gilt für den Fall des Auszugs ebenso wie bei einer Modernisierung durch den Vermieter.

Will man durch eine Nachmieterregelung Geld herausholen, benötigt man ebenfalls die Zustimmung des Vermieters. Viele Mieter gehen irrtümlicherweise davon aus, dass sie ein Recht zur Nachmietersuche haben und dann Übernahmepreise frei aushandeln können. Tatsächlich muss der Vermieter einen Nachfolger aber nur akzeptieren, wenn man selbst vorzeitig aus Zeitverträgen oder Kündigungsfristen aussteigen will. Selbst dann ist nicht selbstverständlich, dass man als Mieter vom Nachmieter eine Ablöse verlangen darf. Heimliche Geschäfte und Absprachen zwischen Vor- und Nachmieter kann der Hauseigentümer ganz leicht zerschlagen, beispielsweise indem er den Nachmieter vertraglich zur Beseitigung aller Einbauten beim Auszug verpflichtet.

Auch Nachmieterregelungen sind eine Möglichkeit, am Ende für die Einbauten doch noch ein paar Tausender herauszuholen.

Zum Abschluss einer Vereinbarung mit dem Vermieter raten Mieterschutzorganisationen auch deshalb, weil bauliche Veränderungen (Wanddurchbrüche, neue Fenster, Heizungen, Rohre, Stromleitungen) ohnehin genehmigungspflichtig sind. Taktisch klug trifft man solche Absprachen, bevor etwas getan wird. An der damit verbundenen Wertsteigerung sind Vermieter meist interessiert. Wird dagegen erst nach dem Abschluss der Einbauten verhandelt, hat der Mieter eine sehr viel schlechtere Position.

⌧ Mustervertrag über Modernisierung der Wohnung durch den Mieter

Vertrag

zwischen ... *(Name und Anschrift des Mieters eintragen)*,
im folgenden als Mieter bezeichnet,

und ... *(Name und Anschrift des Vermieters eintragen)*,
im folgenden als Vermieter bezeichnet.

Zwischen den vertragschließenden Parteien wird zur Durchführung von baulichen Veränderungen,
* die auf Dauer den Gebrauchswert der Wohnung erhöhen,
* die die allgemeinen Wohnverhältnisse verbessern,
* die Einsparungen von Heizenergie bewirken,
die folgende Vereinbarung getroffen:

§ 1 Vertragsgegenstand

Die Parteien kommen überein, dass in der Wohnung des Mieters … *(genaue Anschrift und Lage der Wohnung angeben)* in
* allen Räumen
* folgenden Räumen: … *(Bezeichnung der Räume angeben, in denen die Baumaßnahmen durchgeführt werden sollen, z. B. im Bad, Schlafzimmer, in der Küche etc.)*
bauliche Maßnahmen durchgeführt werden.

Es handelt sich dabei um Arbeiten an … *(hier angeben, welcher Natur die Arbeiten sind, z. B. Arbeiten an den Fenstern, an Sanitär- oder Elektroinstallation, an der Heizung, an der Wärme- oder Schallisolierung etc.).*

Im Rahmen der Maßnahmen sind folgende Arbeiten vorgesehen: … *(bitte möglichst genau auflisten, was gemacht werden soll und welchen Umfang die Arbeiten haben, z. B. wenn das Badezimmer neu gefliest und mit einer Dusche ausgestattet werden soll: Abschlagen der alten Fliesen bzw. Kacheln, Einbau einer Duschwanne, Installation der erforderlichen Kalt- und Warmwasserzuleitungen, Legen der neuen Fliesen bis zu einer bestimmten Höhe; gegebenfalls die Arbeiten in einer Anlage beschreiben, die Bestandteil des Vertrages wird, und eine Skizze anfertigen).*

* Verwendete Materialien … *(falls sinnvoll oder erwünscht, hier die zum Einbau vorgesehenen Materialien mit Eigenschaften, Qualität und Farbe angeben).*

Es ist vorgesehen, dass die Arbeiten am … *(Datum des Arbeitsbeginns angeben)* begonnen und bis zum … *(Datum der Arbeitsbeendigung angeben)* abgeschlossen werden.

§ 2 Zusagen des Mieters

* Der Mieter führt ... *(hier angeben, ob ganz oder teilweise)* die Maßnahmen im eigenen Namen und auf eigene Kosten durch
* Der Vermieter übernimmt im Zuge der Maßnahmen ... *(hier angeben, welche Arbeiten und Kosten der Vermieter übernimmt).*

Der Mieter verpflichtet sich gegenüber dem Vermieter, für eine ordnungsgemäße Durchführung der Arbeiten zu sorgen.
* Die erforderliche Genehmigung des Bauamtes wird vom Mieter eingeholt. *(Satz einfügen, falls Genehmigung des Bauamtes erforderlich ist. Vorher erkundigen!)*

Die Einrichtungen, mit denen die Wohnung im Rahmen der vereinbarten Maßnahmen versehen wird, gehen in das Eigentum des Vermieters über. Das gilt auch, soweit sie nicht zu wesentlichen Bestandteilen des Grundstückes werden. Der Mieter verzichtet auf sein Recht, die Einrichtungen fortzunehmen (§ 547a Abs. 1 BGB).

Um Schäden zu vermeiden, die sich aus der Durchführung der Arbeiten ergeben könnten, verpflichtet sich der Mieter, diese Arbeiten, die besondere Fachkenntnisse und die Einhaltung technischer Vorschriften erfordern, nur durch
* Fachbetriebe
* in fachkundiger Selbsthilfe
* in fachkundiger Nachbarschaftshilfe
durchzuführen oder durchführen zu lassen.

* Der Mieter erklärt, dass er folgende Haftpflichtversicherung ... *(angeben, um welche Gesellschaft und um welche Versicherung es sich handelt)* abgeschlossen hat.

§ 3 Aufwendungen des Mieters und Abnahme

Die Kosten des Mieters betragen für die gesamten Arbeiten voraussichtlich ... *(hier den Gesamtbetrag in DM eintragen)* DM. Hierin sind enthalten
* Handwerkerleistungen gemäß den beigefügten Kostenvoranschlägen in Höhe von ca. ... DM *(hier den entsprechenden Betrag angeben).*

* vom Mieter zu beschaffendes Material im Wert von ca. ... DM *(Kosten des Materials eintragen).*
* Arbeitsaufwand des Mieters, der mit ... DM *(falls sinnvoll, hier eine Pauschalsumme vereinbaren)* pauschal angesetzt wird
* bei einer Anzahl von ... *(Zahl der voraussichtlichen Arbeitsstunden angeben)* Arbeitsstunden und einem Stundensatz von ... DM *(hier einen angemessenen Stundensatz angeben)* ein Arbeitsaufwand in Höhe von ... DM *(hier den Betrag eintragen, der sich beim Malnehmen von Stundensatz und Anzahl der Arbeitsstunden ergibt).*

Sobald die Durchführung der Maßnahmen beendet ist, nimmt der Vermieter die Arbeiten ab. Außerdem sind die endgültigen und tatsächlichen Kosten des Mieters festzustellen. Hierzu hat der Mieter geeignete Belege vorzulegen. Über Abnahme und Kosten wird ein besonderes Protokoll angefertigt, das Bestandteil dieses Vertrages wird.

* Sofern der Endbetrag die voraussichtlichen Kosten ... *(Gesamtbetrag wie oben angegeben)* um mehr als ... *(hier einen angemessenen Prozentsatz eintragen, z. B. 20 Prozent)* Prozent übersteigt, wird der Differenzbetrag für Abwohndauer und Restwert nicht berücksichtigt.

§ 4 Zusagen des Vermieters

Der Vermieter verzichtet für die Abwohndauer auf sein Recht der ordentlichen Kündigung (§ 564b BGB). Das gilt nicht, wenn der Mieter seine mietvertraglichen Pflichten schuldhaft und nicht unerheblich verletzt (§ 564b Abs. 2 Nr. 1 BGB).

Für künftige Mieterhöhungen gilt folgende Regelung:

* Die Maßnahmen, die im Rahmen dieser Vereinbarung durchgeführt worden sind, bleiben während der Abwohndauer bei Mieterhöhungen nach § 2 MHG außer Betracht. Der Vermieter ist für die Dauer des Mietverhältnisses verpflichtet, für Instandhaltung und Wartung zu sorgen. Das gilt auch im Hinblick auf eine eventuell sich als notwendig erweisende Erneuerung der Einrichtungen. Sofern laut Mietvertrag die Pflicht zur Übernahme

von Klein- und Schönheitsreparaturen beim Mieter liegt, hat diese Regelung auch für die neuen Einrichtungen Gültigkeit.

* Die Maßnahmen, die im Rahmen dieser Vereinbarung durchgeführt worden sind, bleiben während der gesamten Dauer des Mietverhältnisses bei Mieterhöhungen nach § 2 MHG außer Betracht. Der Mieter ist für die gleiche Zeit verpflichtet, für Instandhaltung und Wartung zu sorgen. Das gilt auch im Hinblick auf eine eventuell sich als notwendig erweisende Erneuerung der Einrichtungen.

Die Abwohndauer
* beträgt … *(Rechnung laut Rechenmuster Seite 90. Die Dauer muss mindestens fünf und darf maximal 15 Jahre betragen.)* Jahre. Die Abwohndauer beginnt mit der Abnahme durch den Vermieter. Als Jahresmiete gilt das zwölffache der monatlichen Kaltmiete zum Zeitpunkt des Abschlusses dieses Vertrages.
* läuft bis zum Ende des Jahres … *(mit Blick auf die Mindest- und Höchstabwohndauer hier das Datum angeben, wann die Abwohndauer beendet sein soll).*

§ 5 Abwicklung bei Beendigung des Mietverhältnisses bzw. nachfolgenden Maßnahmen des Vermieters

Bei Beendigung des Mietverhältnisses hat der Mieter Anspruch auf Rückzahlung des Restwertes der von ihm durchgeführten Maßnahmen.

* Der Mieter verzichtet jedoch für die Dauer von … *(hier einen angemessenen Zeitraum angeben, der mit dem Vermieter ausgehandelt wurde)* Jahren auf sein ordentliches Kündigungsrecht.

Der Anspruch auf Rückzahlung des Restwertes erlischt auch dann nicht, wenn die Maßnahmen des Mieters durch nachfolgende Maßnahmen des Vermieters zerstört oder wertlos gemacht werden.

Für die Berechnung des Restwertes werden von den Aufwendungen des Mieters bis zum Ablauf eines Jahres nach der Abnahme … *(hier sind etwa 20 Prozent angemessen)* Prozent und in den darauf folgenden Jahren jeweils weitere ... *(höchstens 10 Prozent vereinbaren. Bei hohen Kosten und langfristigen Zinsbelastungen ist ein niedrigerer Zinssatz gerechtfertigt)* Prozent abgezogen.

Ort, Datum ... *(Ort und Datum der Vereinbarung angeben)*

Mieter ... *(eigenhändige Unterschrift des Mieters)*

Vermieter ... *(eigenhändige Unterschrift des Vermieters)*

Entscheidend dafür, wie lange der Mieter die Ausgaben für eigene Einbauten „abwohnen" darf, sind die Kosten der Modernisierung. Faustregel: Ausgaben in Höhe einer Jahresmiete berechtigen zu einer Abwohnzeit von vier Jahren.

Musterrechnung: So lange können Mieter die Ausgaben für eigene Einbauten „abwohnen"

Kosten der Einbauten		**Jahresmiete** (kalt, ohne Nebenkosten)		Zwischen-ergebnis		Rechen-faktor		**Dauer der Abwohnzeit**
... DM	:	**... DM**	=		x	**4**	=	**... Jahre**

Angenommen, die Einbauten (Bad, Teppich, neue Heizkörper) haben 18.000 DM gekostet und die Kaltmiete beträgt monatlich 500 bzw. jährlich 6000 DM, dann dürfen die Einbauten zwölf Jahre lang abgewohnt werden (18.000 DM dividiert durch 6.000 DM ergibt drei, multipliziert mit vier ist zwölf).
Will der Mieter vorher ausziehen, kann er die nicht abgewohnte Geldausgabe als Entschädigung verlangen. Im ersten Jahr werden 20 Prozent der Gesamtkosten (im Beispiel 3.600 DM), in allen weiteren Jahren zehn Prozent (1.800 DM) „abgewohnt". Bei einem

Auszug nach drei Jahren und Einbaukosten von 18.000 DM hätte der Mieter also Anspruch auf eine Erstattung von 10.800 DM (18.000 DM abzüglich 7.200 DM). All dies gilt nur unter der Voraussetzung, daß es eine entsprechende Vereinbarung mit dem Vermieter gibt!

⚖ STREIT UM MODERNISIERUNG: WICHTIGE URTEILE UND ENTSCHEIDUNGEN ZU EINZELFÄLLEN

Abrechnung: Vermieter muss Kosten belegen

Spätestens bei der Mieterhöhung nach einer Modernisierung muss der Vermieter auflisten, wie viel ihn die Umbauten gekostet haben. Die einzelnen Belege müssen datiert sein und die Beträge nennen, damit der Mieter – wenn er das wünscht – genau nachsehen und nachrechnen kann (LG Berlin, 30.11.1992, Aktenzeichen 66 S 77/92, veröffentlicht in MM 1993, 217).

Alufenster: nicht immer eine Verbesserung

Wenn der Vermieter eine Modernisierung durchsetzen will, sollte er sich das Ankündigungsschreiben genau überlegen: Wenn durch neue Fenster knapp 25 Prozent Wärme gespart werden, sagt das noch nichts darüber aus, ob der Mieter dadurch Geld spart. Schießlich wird zum Ausgleich für sinkende Heizkosten die Miete steigen, um die Modernisierung zu finanzieren. Der Vermieter muß daher vorrechnen, wie viel Geld die Modernisierung den Mieter kostet und wie viel er durch sie spart. Erst wenn diese Bilanz positiv ausfällt, der Mieter also im Ergebnis Geld spart, muss er zustimmen (LG Berlin, 21.12.1992, Aktenzeichen 61 S 163/91, veröffentlicht in Grundeigentum 1993, 425).

Anbau oder Totalumbau: Mieter kann Zustimmung verweigern

Auch wenn ein Anbau die Wohnfläche um 17 Prozent vergrößert, ist das keine Verbesserung, der man zustimmen muss. Die völlige Veränderung des Grundrisses (Versetzung von Wänden, Zusammenlegung von Zimmern) muss man übrigens ebenfalls nicht dulden (LG Köln, Aktenzeichen 10 S 139/92).

Ankündigung: auch bei Kombination von Reparatur und Verbesserung

Reparaturen muss der Mieter ohne weiteres dulden. Aber wenn die Reparatur zugleich eine Modernisierung ist, muss der Vermieter seine Absichten zuvor ankündigen. Es gelten dieselben Grundsätze wie bei der Modernisierung. Der Mieter darf seine Zustimmung aber nur dann verweigern, wenn der Vermieter anschließend die Miete heraufsetzen will und die Erhöhung eine Grenze von fünf Prozent übersteigt (LG Köln, 30.4.1992, Aktenzeichen 1 S 385/91, veröffentlicht in WuM 1993, 608).

Ankündigung: die Pflichten der Vermieter

Vor einem Umbau müssen Mieter ausführlich darüber aufgeklärt werden, was geplant ist. In einem einzigen Schreiben muss der Vermieter erklären, wann die Bauarbeiten beginnen sollen, wie lange sie vermutlich dauern werden und um wie viel die Miete teurer werden wird. Je nachdem, was gebaut werden soll, müssen weitere Angaben gemacht werden. Bei einer Gasetagenheizung z. B. muss darüber aufgeklärt werden, wie viele Gasthermen und Heizkörper insgesamt eingebaut werden, wo sie aufgestellt werden sollen und wie groß sie sind. Von Interesse ist auch, wo die Leitungen laufen werden. Und schließlich muss der Vermieter möglichst exakt schätzen, wie teuer das Heizen später sein wird, damit sich der Mieter auf die künftigen Betriebskosten einstellen kann. Fehlen genaue Angaben, muss der Mieter nicht zustimmen (LG Berlin, 22.1.1993, Aktenzeichen 64 S 308/92, veröffentlicht in Grundeigentum 1993, 861).

Ankündigung: Erstes Schreiben muss vollständig und korrekt sein

Der Vermieter muss alle Beweggründe für eine Modernisierung, alle Auswirkungen und sämtliche geplanten Maßnahmen vor Baubeginn ankündigen. Das muss in einem einzigen Schreiben geschehen. Ein Nachschieben von Argumenten ist nicht möglich. Außerdem muss das Schreiben auch darüber informieren, wie sich der Umbau auf die Betriebskosten auswirkt. Und: Wenn der Umbau auch als Reparatur angesehen werden kann, muss der Vermieter in seinem Brief ausführlich darlegen, weshalb damit eine Wertverbesserung gegeben sein soll. Jedenfalls ist der Einbau von

Doppelglasfenstern statt einfachen Fenstern keine Verbesserung, die zu einer Mieterhöhung berechtigen würde (LG Berlin, 4.2.1992, Aktenzeichen 64 S 245/91, veröffentlicht in Grundeigentum 1992, 1099).

Ankündigung: Mieter muss sich die umgebaute Wohnung vorstellen können

Kündigt der Vermieter nur an, dass neue Heizkörper „in Fensternischen oder in Fensternähe" eingebaut werden sollen, hat er damit die Vorschriften nicht erfüllt. Er müsste die anstehenden Arbeiten genauer schildern. Der Mieter muss sich nach dem Ankündigungsschreiben vorstellen können, wie die Wohnung durch den Umbau verändert wird. Ihm muss klar werden, ob er die Wohnung anschließend noch genau so nutzen kann wie vor der Modernisierung. Hinsichtlich der Ankündigung eines geplanten Badeinbaus einschließlich Elektroinstallationserneuerung ist es beispielsweise notwendig, die Standorte der geplanten Sanitärobjekte genau anzugeben. Die Ankündigung des Standortes eines elektrischen Durchlauferhitzers zentral im Bad entspricht den Anforderungen des § 541b BGB nicht (LG Berlin, 9.9.1991, Aktenzeichen 62 S 126/91, veröffentlicht in MM 1992, 65).

Nur wenn der Vermieter sein Modernisierungsvorhaben ganz genau beschreibt, ist der Brief ausführlich genug.

Ankündigung: Mieter sollte nicht auf Brief warten

Wenn der Mieter davon erfährt, dass der Vermieter den Wohnwert verbessern will, kann er etwas dagegen unternehmen. Tut er das nicht, kann er sich später nicht mehr darauf berufen, dass die Baumaßnahmen nicht richtig angekündigt worden sind. Wenn er der Modernisierung nicht mündlich, schriftlich oder durch eine gerichtliche Verfügung widerspricht, muss er auch die folgende Mieterhöhung in Kauf nehmen (KG Berlin, 16.7.1992, Aktenzeichen 8 RE Miet 3166/92, veröffentlicht in WuM 1992, 514).

Ankündigung: Vermieter darf in der Wahl der Mittel von ihr abweichen

Bei der Ankündigung einer Modernisierung kommt es darauf an, worin die Verbesserung des Wohnwerts besteht. Solange sich an der Verbesserung nichts ändert, darf der Vermieter in der Wahl der

Mittel von seiner Ankündigung abweichen. Dem Mieter kann es z. B. gleichgültig sein, ob eine Öl- oder eine Gasheizung eingebaut wird. Entscheidend ist, dass es sich um eine Zentralheizung handelt. Solange das für den Mieter nicht teurer wird als angekündigt, ist eine solche Abweichung ohne Bedeutung: Die Modernisierung ist rechtens, der Mieter muss sich auf eine Mieterhöhung einstellen (LG Berlin, 14.5.1992, Aktenzeichen 62 S 40/92, veröffentlicht in WuM 1992, 444).

Ankündigung: Vermieter muss Baukosten nicht näher aufschlüsseln

Der Vermieter muss die Kosten für die Baumaßnahmen nicht aufschlüsseln. Es reicht, wenn er dem Mieter in etwa die nach der Modernisierung zu erwartende neue Miete mitteilt. Berechnet er die neue Miete nicht ordentlich und versucht er, den Mieter mit einer geschönten Zahl zu überzeugen, riskiert er eine Schadenersatzklage durch den Mieter. Und wenn sich die Modernisierung auf die Betriebskosten auswirkt, muss der Vermieter auch das in etwa ankündigen, es sei denn, die Kosten sind noch absolut unbestimmbar. Dies ist beispielsweise dann der Fall, wenn er eine Zentralheizung einbaut. Denn die späteren Betriebskosten sind allein vom Verbrauch des Mieters abhängig, den der Vermieter vorher nicht kennen kann (LG Fulda, 24.1.1992, Aktenzeichen 1 S 173/91, veröffentlicht in WuM 1992, 243).

Ankündigung: Vorgespräch ist nicht genug

Vor einer Modernisierung muss der Vermieter seinen Mietern schriftlich bekannt geben, was er plant. In diesem Schreiben muss genau aufgeschlüsselt werden, wie die Baumaßnahmen ablaufen sollen und wie teuer das am Ende für den Mieter wird. Auch wenn der Vermieter vorher mit den Mietern gesprochen hat, muss alles Wesentliche in Briefform mitgeteilt werden (KreisG Weißwasser, 10.7.1992, Aktenzeichen 3 C 185/92, veröffentlicht in WuM 1992, 468).

Ankündigung: Wenn sie fehlt, muss der Mieter nichts dulden

Wenn der Vermieter die von ihm geplante Modernisierung nicht ordentlich angekündigt hat, kann der Mieter einfach davon ausgehen, dass alles so bleibt wie bisher. Das heißt konkret: Hat der Mieter die Wohnung selbst verbessert, kann er an der Einrichtung festhalten. So darf er beispielsweise eine selbst eingebaute Gastherme reparieren, weil der Vermieter die von ihm beabsichtigte Modernisierung, durch die das Gerät ohnehin überflüssig werden würde, dem Mieter noch nicht ordnungsgemäß angekündigt hat. Darüber hinaus kann der Mieter sich in diesem Fall die Reparaturkosten vom Vermieter erstatten lassen (LG Berlin, 19.3.1993, Aktenzeichen 64 S 387/92, veröffentlicht in Grundeigentum 1993, 651–653).

Auslagenerstattung: Vermieter muss die Ausgaben des Mieters ersetzen

Hat der Mieter die Wohnung auf eigene Kosten verbessert und wird sein Umbau durch die Modernisierung jetzt überflüssig, muss der Vermieter dem Mieter die Ausgaben ersetzen. In diesem Fall wurden Nachtspeicheröfen entfernt, weil das Haus eine Zentralheizung bekam. Obwohl der Mieter die Öfen spätestens beim Auszug selbst hätte entfernen müssen, ging die Entfernung aufgrund der Modernisierung auf Kosten des Vermieters. Grund: Bei einem unbefristeten Mietvertrag hätte sich der Mieter auf die damit zusammenhängenden Kosten langfristig einstellen können. Das hatte ihm der Vermieter mit seinem Umbau unmöglich gemacht (LG Hamburg, 9.3.1993, Aktenzeichen 316 S 290/92, veröffentlicht in WuM 1993, 399).

Ausstattung: Allgemein üblich ist, was zwei Drittel aller Wohnungen haben

Immer wieder streiten sich Vermieter und Mieter darum, was der allgemein übliche Zustand ist, den der Vermieter auf eigene Kosten erhalten muss. Der Bundesgerichtshof meint dazu: Wenn innerhalb einer Region mindestens zwei Drittel der gleich alten Wohnungen ein bestimmtes Ausstattungsmerkmal haben, gehört dieses Merkmal zum allgemeinen Standard. Aber das Gericht hat ausdrücklich offen gelassen, ob dieser Grundsatz auch für Mietwohnungen in den neuen Ländern gelten soll. Unter Umständen bestimmt sich der allgemein übliche Zustand dort nach anderen Maßstäben (BGH, 19.2.1992, Aktenzeichen VIII ARZ 5/91, veröffentlicht in BGHZ 117, 217).

Ausstattung: Etagenheizungen sind nicht allgemein üblich

Baut der Vermieter eine Gasetagenheizung ein, geht das manchmal über eine Anpassung an den allgemeinen Standard hinaus. Gibt es nämlich in der Umgebung noch viele Wohnungen mit Kohleöfen, kann der Vermieter wegen Modernisierung mehr Miete verlangen. Das Gericht stellte hier auf die weit überwiegende Zahl der Altbauwohnungen in Berlin ab (LG Berlin, 1.8.1991, Aktenzeichen 62 S 93/91, veröffentlicht in MM 1991, 299).

Badezimmer: Mieter muss zustimmen

Will der Vermieter die Wohnung mit einem Badezimmer ausstatten, kann sich der Mieter kaum dagegen wehren. Gerade in Berlin, wo dieser Fall entschieden wurde, sind über 90 Prozent der Wohnungen mit Badezimmern ausgestattet – also handelt es sich um einen allgemein üblichen Ausstattungsstandard. Die dazu erforderlichen Bauarbeiten muss der Mieter dulden (AG Schöneberg, 28.5.1991, Aktenzeichen 11 C 541/90, veröffentlicht in Grundeigentum 1991, 831).

Baulärm: Mieter muss ihn dulden, wenn die Ankündigung in Ordnung war

Mit Baulärm, der durch Modernisierungsarbeiten entsteht, ist es im Prinzip wie mit den Arbeiten in der eigenen Wohnung: Der Mieter muss ihn nur dann ertragen, wenn der Vermieter alle Arbeiten vorher ordentlich angekündigt hat. Fehlt eine solche Ankündigung, beispielsweise weil die Arbeiten schließlich nicht in der Wohnung des gestörten Mieters stattfinden sollten, kann dieser sich dagegen mit einer einstweiligen Verfügung wehren (OLG München, 29.7.1991, Aktenzeichen 21 W 1961/91, veröffentlicht in WuM 1991, 481).

Baumaßnahmen: Mieter muss ungenehmigte Arbeiten dulden

Der Mieter muss auch Baumaßnahmen dulden, für die der Eigentümer keine Genehmigung hat. Der Mieter kann sich nicht gegen eine Modernisierung wenden, nur weil die Wohnungsverbesserung gegen das öffentliche Recht verstößt. Für ihn ist nur entscheidend, ob er rechtzeitig und vollständig von den Absichten des Hauseigentümers informiert worden ist (LG Berlin, 20.7.1992, Aktenzeichen 62 S 94/92, veröffentlicht in Grundeigentum 1992, 981).

Duldung: Wer Handwerker in die Wohnung lässt, ist mit der Modernisierung einverstanden

Lässt der Mieter Handwerker in die Wohnung, kann er anschließend nicht auf die fehlende Modernisierungsmitteilung pochen. Der Vermieter hatte die Miete angehoben, weil der Wohnwert verbessert worden war. Der Mieter versuchte daraufhin vergeblich, sich dagegen zu wehren. Wenn Sie also noch nicht über Modernisierungen und die Höhe der neuen Miete informiert worden sind, lassen Sie besser die Handwerker gar nicht erst in Ihre Wohnung (OLG Frankfurt, 5.9.1991, Aktenzeichen 20 REMiet 3/91, veröffentlicht in NJW-RR 1992, 145).

Duldung: Wer Handwerker in die Wohnung lässt, muss Mieterhöhung akzeptieren

Normalerweise müssen vor einer Mieterhöhung wegen Modernisierung alle geplanten Maßnahmen genau mitgeteilt und vom Mieter genehmigt werden. Wenn der Vermieter das versäumt und ohne vorhergehende vorschriftsgemäße Ankündigung Handwerker schickt, sollte man sie gar nicht erst in die Wohnung lassen. Sonst erklärt man sich gleichzeitig damit einverstanden, dass anschließend die Miete steigt. Dies gilt auch dann, wenn die neue Miete unter Umständen deutlich höher ist, als der Mieter noch bezahlen kann (OLG Stuttgart, 26.4.1991, Aktenzeichen 8 REMiet 2/90, veröffentlicht in WuM 1991, 332).

Duschbad: in Einzimmerwohnung allgemein üblicher Standard

Soll eine Einzimmerwohnung mit einem Duschbad ausgestattet werden, muss der Mieter das zumindest dann dulden, wenn es in seiner Wohnung vorher weder Waschgelegenheit noch Toilette gab. Selbst dann, wenn die Küchenfläche durch die Modernisierungsmaßnahme bedauerlicherweise auf die Hälfte verkleinert wird, kann der Mieter seine Zustimmung nicht verweigern (LG Berlin, 28.10.1991, Aktenzeichen 66 S 78/91, veröffentlicht in Grundeigentum 1992, 39).

Eigenmodernisierung: Anschließende Modernisierung muss besonders begründet werden

Hat der Vermieter genehmigt, dass der Mieter seine Wohnung mit einer Nachtspeicherheizung aufwertet, sollte er mit der nächsten Modernisierung vorsichtig sein: Will der Vermieter bald danach eine Zentralheizung einbauen lassen, muss er dem betroffenen Mieter zumindest erklären, weshalb das eine Wohnwertverbesserung darstellt (AG Hamburg, 3.7.1992, Aktenzeichen 44 C 404/92, veröffentlicht in WuM 1993, 41).

Einbauküche: keine Verbesserung

In Wohnungsanzeigen hört sich das Stichwort Einbauküche gut an. Als Modernisierungsmaßnahme muss der Mieter dem Einbau einer Küche nur dann zustimmen, wenn sich dadurch der Gebrauchswert der Wohnung und seiner Küche wirklich verbessert. Aber: Waren die alten Küchenmöbel schon funktional und praktisch, gilt der Einbau der Küche nicht als Modernisierungsmaßnahme im Sinne des Mieterhöhungsgesetzes, d. h., der Vermieter darf die Kosten für eine neue Küche nicht dem Mieter aufbürden (AG Charlottenburg, 18.12.1992, Aktenzeichen 12b C 225/92, veröffentlicht in MM 1993, 111).

Will der Vermieter nur den Grundriss ändern, muss der Mieter das nicht dulden.

Grundrissänderung: keine Modernisierung

Wenn der Vermieter etwas umbauen will, ohne dass die Maßnahme den Gebrauchswert der Wohnung erhöht oder – bei Reparaturen – auch nur erhält, muss das der Mieter nicht dulden. Hier sollte das Badezimmer verkleinert, aber dafür besser ausgestattet werden. Weiter wollte der Vermieter die Küche vergrößern und die Speisekammer an eine andere Stelle in der Wohnung verlegen. Das ist bloß eine Umgestaltung, die nichts repariert oder den Wohnwert verbessert (LG Karlsruhe, 10.1.1992, Aktenzeichen S 139/91, veröffentlicht in WuM 1992, 121).

Heizkörper: Vermieter muss Standort von Heizkörpern benennen

Das Ankündigungsschreiben muss die kommenden Umbauten so genau beschreiben, dass sich der Mieter vorstellen kann, wie es anschließend in seiner Wohnung aussieht. Soll eine Zentralheizung eingebaut werden, muss im Schreiben bezeichnet werden, wo die Rohre entlanglaufen und an welchen Stellen Heizkörper geplant sind (LG Hamburg, 22.8.1991, Aktenzeichen 334 S 48/91, veröffentlicht in WuM 1992, 121).

Heizungsumbau: Modernisierung muss sich für den Mieter lohnen

Der Mieter kann einen Heizungsumbau ablehnen, wenn ihn diese Modernisierung mehr kostet, als er in Zukunft durch niedrigere Heizkosten sparen kann (OLG Karlsruhe, Aktenzeichen 9 REMiet 6/83).

Instandhaltung: Reparatur ist keine Modernisierung, Kosten sind herauszurechnen

Der Vermieter muss ausführlich darlegen, wie viel Geld er für Modernisierung und wie viel für Instandhaltung ausgibt. Es reicht nicht aus, dass er die Kosten für mehrere Häuser gemeinsam darlegt. Seine Abrechnung muss sich genau auf das vom jeweiligen Mieter genutzte Gebäude beziehen. Sonst läuft der Vermieter Gefahr, seine Mieterhöhung nicht durchsetzen zu können (LG Kassel, 16.4.1992, Aktenzeichen 1 S 709/91, veröffentlicht in NJW-RR 1992, 1361).

Instandhaltung: Vermieter muss zahlen

Im Laufe der Zeit nutzt sich eine Wohnung nicht nur ab, auch der allgemeine Wohnstandard verändert sich. Daran muss sich der Vermieter orientieren. Er ist gesetzlich verpflichtet, die Wohnung an diesen Standard anzupassen. Also muss die Wohnung von Zeit zu Zeit saniert werden. Wenn der Vermieter diese Anpassung an den allgemeinen Standard unterlässt, darf der Mieter mindern (AG Bremerhaven, 26.5.1992, Aktenzeichen 59 C 1214/91, veröffentlicht in WuM 1992, 601).

Isolierglasfenster: Verbesserung in jedem Fall

Isolierglasfenster in der Küche verbessern den Wohnwert, denn sie tragen zum Energiesparen bei. Also muss der Mieter den Einbau solcher Fenster dulden (LG Berlin, 23.5.1991, Aktenzeichen 62 S 350/90, veröffentlicht in Grundeigentum 1991, 939).

Kabelanschluss: Mieter kann ihn als Modernisierung ablehnen

Unbedingt zu dulden wäre ein Kabelanschluss nur, wenn es bisher keine Hausantenne gab. Der Vermieter darf nicht die alte Gemeinschaftsantenne abbauen, um den Anschluss der Mieter an einen neuen Kabelanschluss zu erzwingen (LG Berlin, Aktenzeichen 64 S 239/84).

Kabelanschluss: Wohnung wird aufgewertet

Wird eine Wohnung an das Breitbandkabelnetz angeschlossen, ist das eine Verbesserung. Also kann der Vermieter die Kosten für die Bauarbeiten und die einmalige Anschlussgebühr berücksichtigen, wenn er die Kostenmiete neu berechnet (VGH München, 25.2.1992, Aktenzeichen 7 B 90.1013, veröffentlicht in NJW-RR 1992, 1292).

Kündigungsrecht: Vermieter muss nicht darauf hinweisen

Wenn eine Modernisierung ins Haus steht, kann der Mieter nicht nur widersprechen, sondern auch kommentarlos kündigen. Die Arbeiten dürfen dann erst nach seinem Auszug beginnen. Auf dieses Kündigungsrecht muss der Vermieter allerdings nicht eigens hinweisen. Der Mieter muss seine Rechte selbst im Auge behalten (LG Berlin, 7.4.1992, Aktenzeichen 65 S 516/90, veröffentlicht in Grundeigentum 1992, 611).

Marmorbäder oder Goldwasserhähne: Luxusmodernisierung muss nicht hingenommen werden

Nur wenn der Vermieter die Wohnung in den allgemein üblichen Zustand von Mieträumen in der jeweiligen Region – oder auch im jeweiligen Stadtteil – versetzen will, muss man zustimmen. Das ist der Fall, wenn mindestens zwei Drittel der anderen Wohnungen der geplanten Ausstattung entsprechen. Andernfalls handelt es sich um Luxusmodernisierung, die nicht hingenommen werden muss (BGH, Aktenzeichen VIII ARZ 5/91).

Mieterhöhung: 30 Prozent des Einkommens für Miete sind zumutbar

Es ist einem normal verdienenden Mieter zumutbar, knapp ein Drittel (30 Prozent) des monatlichen Einkommens für die Kaltmiete auszugeben. Wenn die neue Miete nach der Modernisierung diese Grenze nicht überschreitet, hat der Mieter keine Chance mit einem Widerspruch (LG Berlin, 1.8.1991, Aktenzeichen 62 S 93/91, MM 1991, 299).

Mieterhöhung: auch bei Modernisierung durch Mieter
Wer seine Mietwohnung selbst verbessert, sollte vorher mit seinem Vermieter über die Miete reden. Denn auch die eigenen Verbesserungen erhöhen den Mietwert, d. h., der Vermieter kann danach eine höhere Miete verlangen. Dies gilt auch dann, wenn der Mieter schon die Baukosten trägt. Der Mieter sollte also vorher unbedingt mit dem Vermieter die Festschreibung der aktuellen Miete vereinbaren (LG München I, 14.7.1993, Aktenzeichen 14 S 22 290/92, veröffentlicht in WuM 1993, 451).

Mieterhöhung: bei Kleinverdienern nur auf 25 Prozent des Einkommens
Der Mieter kann sich gegen eine Modernisierungsmaßnahme wehren, wenn sie seine Wohnung unerschwinglich teuer macht. Diese Grenze wird normalerweise erst überschritten, wenn die neue Miete etwa 30 Prozent des Einkommens erreicht. Verdient der Mieter jedoch ohnehin unterdurchschnittlich, dann soll die neue Miete nicht teurer als 25 Prozent seines Einkommens werden. Was darüber hinaus geht, ist nach Ansicht des Gerichts eine unzumutbare Härte (LG Berlin, 27.4.1993, Aktenzeichen 65 S 312/92, veröffentlicht in MM 1993, 289).

Mieterhöhung: Für Zumutbarkeit gibt es keinen objektiven Maßstab
Ab wann eine Mieterhöhung eine finanzielle Härte darstellt, gegen die sich der Mieter erfolgreich wehren kann, dafür gibt es keinen objektiven Maßstab. Dem Wunsch des Mieters nach einer niedrigen Miete steht typischerweise das Interesse des Vermieters gegenüber, den wirtschaftlichen Wert der Wohnungen durch Um- und Ausbauten zu verbessern. In der Frage der Zumutbarkeit kommt es immer darauf an, was dem Mieter und seiner Familie im jeweiligen Einzelfall wirtschaftlich zugemutet werden kann (LG Berlin, 28.10.1991, Aktenzeichen 66 S 62/91, veröffentlicht in Grundeigentum 1992, 37).

Mieterhöhung: kein Anstieg auf 40 Prozent des Nettoverdienstes

Wenn die Miete nach der Modernisierung einen Anteil von 40 Prozent des Nettoverdienstes des Mieters übersteigt, kann er den Baumaßnahmen widersprechen (AG Tiergarten, 20.1.1993, Aktenzeichen 4 C 414/92, veröffentlicht in Grundeigentum 1993, 921).

Mieterhöhung: kein Widerspruchsrecht, wenn das Sozialamt zahlt

Würde die Miete für den Mieter nach einer Modernisierung unzumutbar ansteigen, kann er der Modernisierung widersprechen. Aber wenn er ohnehin Wohngeld bekommt und die neue Miete ebenfalls vollständig vom Sozialamt bezahlt werden würde, kann er sich darauf nicht mehr berufen: Dann ist ihm die Miete nach der Modernisierung nämlich doch zuzumuten (LG Köln, 5.3.1992, Aktenzeichen 1 S 334/91, veröffentlicht in WuM 1992, 431).

Mieterhöhung: Mieter muss nur zahlen, was der Vermieter angekündigt hatte

Verlangt der Vermieter nach der Modernisierung deutlich mehr, als er in seiner Ankündigung mitgeteilt hatte, muss das der Mieter nicht zahlen. Wenn sich die Mieterhöhung aber nur um ein paar Prozent nach oben oder unten verändert, ist das ohne Bedeutung (LG Berlin, 2.12.1991, Aktenzeichen 62 S 194/91, veröffentlicht in MM 1992, 241).

Mieterhöhung: Modernisierung darf Mieter nicht überfordern

Erhöht sich die Mietbelastung durch den Modernisierungszuschlag auf 25 bis 30 Prozent des Nettoeinkommens, so ist dies eine unzumutbare Härte (LG Berlin, Aktenzeichen 65 S 138/92).

Mieterhöhung: Obergrenze muss beachtet werden

Wenn der Vermieter Modernisierungskosten und eine gewöhnliche Mieterhöhung gleichzeitig verlangt, muss sich die Summe nicht an die Obergrenzen halten, die für eine turnusgemäße Mieterhöhung vorgesehen sind. Im Ergebnis aber darf die neue Miete nicht höher werden als: alte Miete plus 30 Prozent Aufschlag plus Modernisierungskosten. Ohne eine solche Formel könnte der Vermieter auf die Idee kommen, erst den Modernisierungsaufschlag zu verlangen und aus der so verteuerten Miete die weitere Erhöhung zu berechnen (OLG Hamm, 30.12.1992, Aktenzeichen 30 RE-Miet 2/91, veröffentlicht in NJW-RR 1993, 399).

Mieterhöhung: Verdoppelung kann zumutbar sein
In den neuen Bundesländern hat die Mehrzahl der Wohnungen weder Etagenheizung noch Isolierverglasung. Sollen die Häuser jetzt damit aufgewertet werden, können sich die Mieter nicht ohne weiteres dagegen wehren. Ihnen bleibt nur das Argument, dass die neue Miete wirtschaftlich nicht zumutbar ist. Aber: War die alte Miete sehr niedrig, stehen ihre Chancen schlecht. Die Miete darf auf mehr als das Doppelte steigen, wenn sie vorher bloß ein Zehntel des Monatseinkommens ausgemacht hatte (AG Tempelhof-Kreuzberg, 20.6.1991, Aktenzeichen 15 C 52/91, veröffentlicht in Grundeigentum 1991, 939; ebenso LG Berlin, 28.10.1991, Aktenzeichen 66 S 78/91, veröffentlicht in Grundeigentum 1992, 39).

Mieterhöhung: Vergleichsmieten müssen auch nach einer Modernisierung beachtet werden
Auch nach einer Modernisierung ist der Vermieter bei einer Mieterhöhung daran gebunden, was in der Stadt für vergleichbar modernisierte Wohnungen bezahlt wird. Die nach der Modernisierung verlangte Miete darf die Vergleichsmieten nicht übersteigen (LG Essen, 14.1.1994, Aktenzeichen 1 S 451/93, veröffentlicht in WuM 1994, 217)

Mieterhöhung: Zwei Wochen Zeit bleiben immer
Nach einer Modernisierung wird der Vermieter mehr Miete verlangen. Die neue Miete gilt dann normalerweise ab dem ersten Tag des folgenden Monats. Aber: Kommt der Brief erst in der zweiten Monatshälfte – also nach dem 15. –, gilt die neue Miete erst ab dem übernächsten Monatsersten. Der Mieter hat also immer mindestens zwei Wochen Zeit, sich auf die neue Miete einzustellen. Vorher muss er keine höhere Miete zahlen. Tut er es trotzdem, kann er sich das Geld später zurückholen (KreisG Görlitz, 21.8.1992, Aktenzeichen 7 C 314/92, veröffentlicht in WuM 1992, 589).

Mietminderung: auch bei Modernisierung möglich
Wenn der Vermieter eine Modernisierung in Auftrag gibt, muss das ordentlich erledigt werden. Ist die Baumaßnahme mangelhaft und

wird die Wohnung durch sie sogar verschlechtert, kann der Mieter mindern. Das Recht dazu hat er selbst dann, wenn das Minderungsrecht vertraglich ausgeschlossen wurde, denn eine solche Klausel ist ohnehin in der Regel unwirksam (LG Berlin, 8.7.1986, Aktenzeichen 64 S 404/85, veröffentlicht in MDR 1986, 938).

Modernisierung: mehr als Anpassung an den allgemein üblichen Standard
Ein Wohnungszustand gilt als allgemein üblich, wenn mindestens zwei Drittel der gleich alten Wohnungen im selben Bundesland so ausgestattet sind. Beispiel: Sind zwei von drei Wohnungen, die fünf Jahre alt sind, mit Zentralheizung ausgestattet, dann ist eine Zentralheizung allgemein üblich. Will der Vermieter in eine fünf Jahre alte Wohnung eine Zentralheizung einbauen, ist das also keine Modernisierung, sondern lediglich eine Anpassung an den allgemeinen Standard. Anders bei Altbauwohnungen aus der Zeit der Jahrhundertwende: Hier ist eine Zentralheizung nicht allgemein üblich. Also kann der Vermieter nach dem Einbau mehr Geld verlangen (LG Berlin, 27.4.1993, Aktenzeichen 65 S 312/92, veröffentlicht in MM 1993, 289).

Nebenkosten: Vermieter muss künftige Belastung nennen
Will der Vermieter einen Aufzug einbauen, muss er in seiner Ankündigung auch mitteilen, welche Betriebskosten auf die einzelne Wohnung entfallen werden. Dabei muss er aber nicht genauso ausführlich sein wie später beim Mieterhöhungsverlangen. Übrigens: Ist die Ankündigung fehlerhaft, muss der Vermieter gleich ein ganz neues Schreiben verfassen. Nachträgliche Ergänzungen oder Änderungen sind ohne weiteres unwirksam (LG Berlin, 19.11.1991, Aktenzeichen 63 S 356/91, veröffentlicht in MM 1992, 136).

Nebenkostenerhöhung: Geringfügige Veränderung muss nicht vorgerechnet werden
Wenn durch eine Modernisierung nur unwesentliche Mehrkosten entstehen, muss das nicht vorgerechnet werden. Hier sollten die Betriebskosten um jährlich zehn DM steigen, weil ein Fahrstuhl eingebaut wurde. Die Mieter mussten das dulden, auch ohne über den genauen Erhöhungsbetrag informiert zu sein (AG Schöneberg, 24.11.1992, Aktenzeichen 15 C 259/91, veröffentlicht in Grundeigentum 1993, 163).

Neuaufteilung: Mieter muss nicht zustimmen
Dient ein Umbau nur dazu, Wohnungen in Eigentumswohnungen umzuwandeln, muss das der Mieter nicht dulden. Nur wenn dadurch der Wohnwert spürbar verbessert oder Energie eingespart wird, handelt es sich um eine rechtmäßige Modernisierung (LG Stuttgart, 25.9.1991, Aktenzeichen 13 S 204/91, veröffentlicht in WuM 1992, 13).

Stillschweigen: Wer duldet, muss auch zahlen
Auch wenn der Umbau teurer wird als erwartet, gilt: Wenn der Mieter nicht rechtzeitig gegen die Bauarbeiten vorgeht, kann er sich nachher nicht dagegen wehren, dass ihm die Modernisierungskosten auf die Miete aufgeschlagen werden. Hat er sich die ganze Zeit ruhig verhalten, dann erklärt er damit zugleich sein Einverständnis, selbst wenn die Modernisierung nicht ordentlich angekündigt wurde (LG Berlin, 30.11.1992, Aktenzeichen 66 S 77/92, veröffentlicht in MM 1993, 217).

Verteuerung: Fünf Prozent mehr Miete sind geringfügig
Wenn die Miete wegen einer Modernisierung nur um fünf Prozent steigt, muss die Maßnahme nicht angekündigt werden. Dies gilt insbesondere dann, wenn dadurch der Energieverbrauch gesenkt wird, also beispielsweise die Heizung von einer Kohlezentralheizung auf Fernwärmeversorgung umgestellt wird (LG Berlin, 27.6.1991, Aktenzeichen 61 S 355/90, veröffentlicht in WuM 1991, 482).

Verteuerung: Geringfügige Kostenerhöhung muss nicht beziffert werden
Unter besonderen Umständen ist die Ankündigung einer Modernisierung auch dann gültig, wenn sie nicht darüber informiert, um wie viel die Wohnung teurer wird. Dies ist allerdings nur dann der Fall, wenn die Betriebskosten nur geringfügig steigen werden (LG Berlin, 20.7.1992, Aktenzeichen 62 S 94/92, veröffentlicht in Grundeigentum 1992, 981).

Vorschuss: Mieter kann für nötige Ausgaben Zahlung verlangen
Wenn der Mieter wegen der Umbauten selbst nachbessern muss, also z. B. neu tapezieren muss, kann er die Kosten vom Vermieter

zurückverlangen. Wenn seine Ausgaben zumindest in etwa vorhersehbar sind, kann er sogar einen Vorschuss für diese Kosten verlangen. Keinen Vorschuss bekommt er jedoch für völlig unbestimmte, erst in Zukunft und nur vielleicht nötige Reparaturen (LG Berlin, 28.10.1991, Aktenzeichen 66 S 78/91, veröffentlicht in Grundeigentum 1992, 39).

Eine Vergrößerung der Wohnfläche ist noch keine Modernisierung.

Wohnungsgröße: Mehr Fläche ist keine Verbesserung

Wenn für die Vergrößerung der Wohnfläche das Haus umfassend verändert wird, ist das eine Umgestaltung, die der Vermieter allein bezahlen muss. Denn modernisieren kann man nur etwas, das nachher noch besteht. Wer aber einen Anbau errichtet oder das Haus aufstockt, modernisiert nicht nur, sondern baut etwas ganz Neues (LG Köln, 26.8.1992, Aktenzeichen 10 S 139/92, veröffentlicht in NJW-RR 1993, 1161).

Wohnungsgröße: Verkleinerung der Fläche ist keine Verbesserung

Wird in ein Einzimmerappartement mit Außentoilette ein Badezimmer eingebaut, ist das eigentlich eine Verbesserung, weil man nicht mehr über den Flur laufen muss, um sich zu waschen. Wird dadurch aber die Wohnfläche insgesamt kleiner, verringert diese Baumaßnahme den Wohnwert. Folglich kann der Vermieter keine Mieterhöhung verlangen (AG Schöneberg, 15.4.1993, Aktenzeichen 11 C 68/93, veröffentlicht in MM 1993, 292).

Wohnungstür: Austausch ist eine Modernisierung

Die neue Wohnungstür kann eine Verbesserung sein, wenn die neue Tür einbruchsicherer ist. Und weil eine solche Modernisierung normalerweise keine große Auswirkung auf die Jahresmiete hat, muss der Mieter den Tausch dulden (LG Köln, 30.4.1992, Aktenzeichen 1 S 385/91, veröffentlicht in WuM 1993, 608).

Zumutbarkeit: Es gibt keinen objektiven Maßstab

Auch wenn sich die Bauarbeiten verzögern, muss der Mieter die Modernisierung dulden. Hat er einmal zugestimmt, wird die Zustimmung nicht nach einiger Zeit wieder hinfällig. Der Vermieter muss nicht sofort mit den Modernisierungsmaßnahmen beginnen (LG Berlin, 28.10.1991, Aktenzeichen 66 S 62/91, veröffentlicht in Grundeigentum 1992, 37).

Zustimmung: Prüfungszeit beginnt mit dem Eingang der Ankündigung

Werden im Ankündigungsschreiben für eine Modernisierung Termine genannt, die noch vor dem Versand liegen, ist der Brief nicht ordnungsgemäß und allein deshalb schon unwirksam. Die genannten Termine müssen mindestens zwei Monate nach dem Eingang des Schreibens beim Mieter liegen. Sonst muss der Mieter die angekündigten Bauarbeiten nicht dulden (AG Schöneberg, 13.8.1991, Aktenzeichen 3 C 298/91, veröffentlicht in MM 1991, 301).

Zustimmung verweigert: Vermieter muss Handwerker nach Hause schicken

Der Vermieter kann nicht zwangsweise durchsetzen, dass der Mieter die Baumaßnahmen duldet, wenn er die Handwerker bereits bestellt hat. Dass die Bauarbeiten unter Umständen nicht wie geplant anfangen können, ist das Risiko des Vermieters (AG Görlitz, 10.6.1993, Aktenzeichen 7 C 0371/93, veröffentlicht in WuM 1993, 390).

Modernisierung oder nur Reparatur? Vorsicht, Schwindel!

Jeder Vermieter hat die Pflicht, die einzelnen Mietwohnungen und das Mietshaus instand zu halten. Dazu gehören z. B. Außenanstriche von Fenstern, Fassadenarbeiten (Risse schließen, Anstriche gegen Feuchtigkeit) oder die Erneuerung brüchig werdender Elektroleitungen. Auch Reparaturen muss er ausführen lassen (Haustür schließt nicht, Heizung streikt, Rohre undicht).

Die Kosten für Reparaturen sind bereits durch die normale Monatsmiete abgegolten.

Bei Altbauten werden oft Modernisierung und Instandhaltung oder Reparaturen zusammen erledigt: Beim Einbau von Bädern z. B.

werden alte Rohre (Vermietersache), bei der Wärmeisolierung vom Dach brüchige Pfannen (Vermietersache) ersetzt.

Wenn gleichzeitig modernisiert und repariert wird, darf auf den Mieter nur der Kostenanteil für echte Verbesserungen umgelegt werden.

Immer verdächtig ist, wenn aus einer Handwerkerrechnung gar kein Vermieteranteil herausgerechnet ist.

Beim Austausch verrotteter Fenster (Reparatur fällig) gegen neue mit Isolierglas z. B. darf nur der Mehrpreis für Isolierglas (nur das ist eine Verbesserung) abgerechnet werden.

Wann und wie viel Mieter für Reparaturen zahlen müssen

Reparaturklauseln sind allgemein üblich geworden. Im Mietvertrag kann vereinbart werden, dass der Mieter bestimmte Arbeiten, die typischerweise schon wegen seiner Nutzung nötig werden, selbst bezahlen muss. Dies gilt aber nur für Kleinreparaturen in der Wohnung. Je nach Vereinbarung kann hier eine Obergrenze von 150 DM, in Ausnahmefällen von 300 DM festgelegt werden, bis zu der der Mieter die Reparaturkosten allein zu tragen hat. Höhere Grenzen wurden bisher von den Gerichten nicht als gültig anerkannt.
Zu den Reparaturen gehören auch Schönheitsreparaturen. Siehe hierzu unsere Hinweise Seite 142ff.

Mieter haben eine Anzeige- und Obhutspflicht

Der Mieter ist verpflichtet, wie bereits im Zusammenhang mit Mietminderungen erwähnt, den Vermieter unverzüglich zu informieren, wenn in der Wohnung schwere Schäden auftreten, wenn es beispielsweise einen Wasserrohrbruch gab, die Nachbarwohnung abgebrannt ist oder die Decke aus ungeklärten Gründen einfach heruntergefallen ist.

Über die Meldung entstandener Schäden hinaus soll der Mieter auch darauf hinweisen, wenn neue Gefahren für die Wohnung entstehen.

Das gilt etwa, wenn nebenan eine chemische Reinigung gebaut wird. Oder wenn jemand im fünften Stock eines Altbaus einen Whirlpool in der Wohnung installiert – so viel Wasser ist ziemlich schwer ...

Wenn der Mieter solche Vorgänge nicht anzeigt, und es entsteht ein Schaden, muss er dafür unter Umständen sogar aufkommen. Wenn der Vermieter einen möglichen Fehler nicht beseitigt, weil er vom Mieter nicht rechtzeitig davon informiert worden ist, darf der Mieter jedenfalls keinen Teil der Miete zurückhalten. In der Praxis steht man dann vor folgenden Fragen:

- Was ist eine rechtzeitige, unverzügliche Mitteilung?
- Welche Vorgänge berechtigen, welche verpflichten den Mieter dazu, den Vermieter zu informieren?
- Ist ein Schaden wirklich nur deshalb entstanden, weil der Mieter keine Mitteilung gemacht hat?

Antworten darauf lassen sich leider nicht generell geben – der Einzelfall entscheidet. Und das führt dann oft zu einer Entscheidung vor Gericht.

⚖ STREIT UM REPARATUREN: WICHTIGE URTEILE UND ENTSCHEIDUNGEN ZU EINZELFÄLLEN

Beschädigungen: Mieter haftet nur für eigenes Verschulden
Wenn ein Mieter seine Wohnung beschädigt, muss er den Schaden bezahlen. Er muss aber nicht für eine eingefrorene Wasserleitung im Badezimmer zahlen, wenn das Bad keine eigene Heizung hat. Denn die Ausstattung der Wohnung mit Heizungen ist Sache des Vermieters (OLG Frankfurt, 22.3.1991, Aktenzeichen 2 U 285/90, veröffentlicht in NJW-RR 1991, 974).

Eigenreparaturen: Mieter darf selbst Hand anlegen
In manchen Mietverträgen steht, dass die Reparaturen von Fachunternehmen durchzuführen sind: Sind Sie aber ein guter Heimwerker, können Sie dennoch selbst zum Hammer greifen. Diese Klauseln sind nämlich nur wirksam, wenn sie nicht verbieten, dass die nötigen Arbeiten auch eigenhändig ausgeführt werden. Wenn Sie nämlich nach den Regeln des Handwerks arbeiten können, darf

der Vermieter Ihnen nicht verbieten, selbst Hand anzulegen – und Sie sparen dadurch Geld (LG Stuttgart, 3.5.1989, Aktenzeichen 13 S 32/89, veröffentlicht in NJW-RR 1989, 1170 und LG Stuttgart, 27.3.1991, Aktenzeichen 13 S 496/90, veröffentlicht in NJW-RR 1991, 1110).

Fachhandwerker: Mieter ist nicht an Firmen gebunden

Schönheitsreparaturen dürfen von allen sachkundigen Personen ausgeführt werden.

Eine Mietvertragsklausel, die die Ausführung von Schönheitsreparaturen nur durch Fachhandwerker zulässt, ist unwirksam. Das bedeutet aber nicht, dass der Mieter jetzt gar keine Schönheitsreparaturen durchführen muss. Nur die Bindung an Fachhandwerker ist unwirksam (OLG Stuttgart, 19.8.1993, Aktenzeichen 8 REMiet 2/92, veröffentlicht in NJW-RR 1993, 1422).

Kleinreparaturen: auch nach Anfangsrenovierung auszuführen

Der Mieter kann vom Vermieter auch dann zu Schönheitsreparaturen verpflichtet werden, wenn er beim Einzug schon die Wohnung renovieren musste. Die Richter haben entschieden, dass er an eine Reparaturklausel auch dann gebunden ist, wenn er die Wohnung insgesamt unrenoviert an den Vermieter zurückgeben kann (OLG Karlsruhe, 16.4.1992, Aktenzeichen 9 REMiet 2/91, veröffentlicht in NJW-RR 1992, 969).

Kleinreparaturen: Im Mietvertrag muss Obergrenze angegeben sein

Es ist prinzipiell Aufgabe des Vermieters, die Wohnung zu erhalten.

Sieht ein Mietvertrag vor, dass der Mieter Kleinreparaturen im Wert von 100 DM allein tragen muss, kann das rechtswidrig sein, und zwar dann, wenn es sich bei dem Vertrag um ein Formular handelt und darin keine Obergrenze für diese Art Reparaturen bestimmt ist. Damit läuft ein Mieter nämlich Gefahr, innerhalb eines Jahres übermäßig viel Geld für Kleinreparaturen ausgeben zu müssen. Nur wenn der Mieter an einem bestimmten Schaden selbst schuld ist, muss er die Reparaturen selbst bezahlen (BGH, 7.6.1989, Aktenzeichen VIII ZR 91/88, veröffentlicht in NJW 1989, 2247).

Kleinreparaturen: Vertrag muss detaillierte Beschreibung liefern

Auch wenn es sich um preisgebundenen Wohnraum handelt, muss der Mieter nicht alle Kleinreparaturen bezahlen. Ohne Obergrenze ist eine entsprechende Klausel, die dies vorsieht, unwirksam. Denn es besteht die Gefahr, dass der Mieter übermäßig viele Kleinreparaturen unabhängig von einem Verschulden bezahlen muss (AG Freiburg, 23.1.1990, Aktenzeichen 7 C 4480/89, veröffentlicht in NJW-RR 1990, 652).

Der Mietvertrag sollte eine Obergrenze für Reparaturen innerhalb eines bestimmten Zeitraums vorsehen.

Reparaturen: keine Abwälzung auf die Mieter

Bestimmt eine Vertragsklausel, dass der Mieter alle anfallenden Reparaturen selbst und auf eigene Kosten durchführen soll, ist das unwirksam. Der Mieter kann sich die Auslagen für solche Reparaturen vom Vermieter zurückholen. Versucht der Vermieter sich darauf zu berufen, dass ihm der Mieter keine Gelegenheit gegeben hat, die Reparatur selbst zu veranlassen, hilft ihm das nicht weiter. Er muss die Auslagen des Mieters ersetzen (AG Hannover, 21.3.1991, Aktenzeichen 509 C 1050/91, veröffentlicht in NJW-RR 1991, 1111).

Reparaturklausel: bei Renovierung zum Einzug unwirksam

Ist der Mieter zu einer Anfangsrenovierung verpflichtet, sind andere Reparaturklauseln im Mietvertrag unwirksam. Auch eine Fristenklausel, nach der in bestimmten Zeitabständen Teile der Wohnung renoviert werden müssen, benachteiligt den Mieter unverhältnismäßig (AG Stuttgart, 21.11.1988, Aktenzeichen 31 C 9135/88, veröffentlicht in ZMR 1990, 22).

Reparaturklausel: Fehlende Vereinbarung rechtfertigt höhere Miete

Bei preisgebundenen Wohnungen sind Schönheitsreparaturen manchmal keine Mietersache. Wenn aber der Vermieter die Wohnung nicht nur instand halten soll, sondern auch alle kleineren Ausbesserungen veranlassen muss, kann er zusätzlich zur Miete eine Instandhaltungspauschale verlangen (LG Hamburg, 5.9.1989, Aktenzeichen 16 S 420/88, veröffentlicht in NJW-RR 1993, 18).

NACHBARÄRGER: DER VERMIETER MUSS FÜR FRIEDEN SORGEN

Glücklich können sich diejenigen schätzen, die mit ihren Nachbarn gut auskommen. Doch selten kann man sich die Nachbarn aussuchen. Und wenn diese sich benehmen, als wären sie allein auf der Welt, verursacht das permanent Ärger. Ob ständiger Ehekrach, lärmende Kinder, krächzende Papageien, laute Partys oder ein unermüdlicher Heimwerker nebenan, der meint, um Mitternacht noch schnell die neue Kuckucksuhr aufhängen zu müssen und die Schlagbohrmaschine in Betrieb setzt: All dies kann einen schon mal in Wut bringen.
Umgekehrt gibt es Zeitgenossen, die nur darauf zu warten scheinen, mäkeln zu können. Schon beim geringsten Anlass stehen sie auf der Matte.

WIE KÖNNEN SIE SICH GEGEN DAS VERHALTEN IHRES NACHBARN WEHREN?

Zunächst ist es natürlich immer besser, das freundliche Gespräch mit dem Störenfried zu suchen.

Aber wenn sich der Verursacher des Ärgers hartnäckig zeigt, muss der Vermieter eingeschaltet werden. Er hat nämlich dafür zu sorgen, dass die Hausordnung eingehalten wird. Informieren Sie den Vermieter schriftlich und beschreiben Sie die Störung so genau wie möglich.

Die Hausordnung ist Bestandteil des Mietvertrags und nimmt nicht nur einseitig die Mieter in die Pflicht, sondern auch den Vermieter.

Wenn sich daraufhin nichts tut, gibt es mehrere Möglichkeiten, Druck auszuüben:
- Unter Umständen kommt eine Mietminderung in Betracht, denn Sie werden im Gebrauch der Mietsache eingeschränkt.
- Sie klagen gegen den Vermieter.
- Sie klagen direkt gegen den Nachbarn. Das geht natürlich nur, wenn Sie sicher sind, dass es sich dabei tatsächlich um den Verursacher handelt.

Sollte sich die Störung über einen längeren Zeitraum hinziehen, empfiehlt es sich, eine Art Protokoll zu erstellen, aus dem Art und Zeitpunkt der Störung zu ersehen sind. Bitten Sie Außenstehende um ihren Eindruck von der Situation, und benennen Sie diese eventuell als Zeugen.

Beispiel für ein Protokoll bei Störungen durch die Nachbarn

Art der Störung	Datum	Zeitspanne von	bis	Beteiligte (falls bekannt)	eventuell Zeugen
laute Musik	3.1.98	22.30	00.45	Bewohner 3. Stock rechts	Frau Hübner
...					

Ehe Sie noch einen Schritt weiter gehen und den Nachbarn vor den Kadi schleppen, bedenken Sie: Eigentlich unnötige Prozesse unter Nachbarn führen oft dazu, dass die ohnehin überlasteten Richter gleich eine Abneigung entwickeln – gegen den, der den Streit vor Gericht gebracht hat. Juristische Auseinandersetzungen, mit denen man dem Nachbarn nur „mal richtig einheizen" will, sollte man sich deshalb schenken.

Wenn nicht wirklich handfeste Gründe für eine gerichtliche Klärung sprechen, sollte man sich das Risiko eines verlorenen Prozesses ersparen.

Auch wenn es schwer fällt: nicht auf eigene Faust handeln

Der Vermieter ist auch zuständig, wenn ein anderer Mieter ständig den Trockenboden oder Waschkeller blockiert. Ist die Benutzung im Mietvertrag zugesichert, könnte auch deshalb die Miete gekürzt werden. Wer jedoch wegen des bellenden Hundes zur Flinte greift, störende Nachbarwäsche einfach in die Ecke wirft oder eine zu laute Stereoanlage zertrümmert, steht selbst schon mit einem Fuß vor der Anklagebank: Ihm drohen Schadenersatzprozesse bzw. Verfahren wegen Hausfriedensbruchs, Sachbeschädigung oder Nötigung.

Und dann hat oft sogar der eigentliche Verursacher der Störung die besseren Karten – weil der andere verbotene Selbstjustiz geübt hat. Auch wenn in Ausnahmefällen sofortiges Handeln erforderlich ist (nächtliche Lärmbelästigung, erheblicher Rauch durch Lagerfeuer im Nachbargarten bzw. Grillen auf dem Balkon oder bei allgemeiner Gefährdung durch einen nicht beaufsichtigten Kampfhund), kann Selbsthilfe zum Eigentor werden. Wer durch freundliche Bitten nichts erreicht, sollte deshalb lieber die Polizei rufen.
Für den bösen Nachbarn bleiben allerdings auch Polizeieinsätze meist ohne Folgen: Wohnungskündigungen wegen Nachbarschaftsstreitereien oder Verstößen gegen die Hausordnung sind kaum möglich. Zunächst müsste der Vermieter eine Abmahnung schicken, für den Wiederholungsfall die Kündigung androhen. Nur in Ausnahmefällen (Nachbar wird tätlich gegen andere) käme der Vermieter mit einer fristlosen Kündigung durch.

✉ Musterbrief: Information des Vermieters über Störungen durch die Nachbarn

Absender … *(alle im Vertrag erwähnten Mieter nennen)*

Datum …

Einschreiben/Rückschein
An den Vermieter …

Störung der Hausordnung im Haus …
(Straße, Hausnummer, Ort)

Sehr geehrte Damen und Herren,

seit … *(Zeitpunkt angeben, wann die Störung begonnen hat)* geht von den Bewohnern der Wohnung … *(Lage der betreffenden Wohnung angeben)* folgende Störung aus: … *(Art der Störung genau schildern).*

* Die Störungen erfolgen regelmäßig an … *(angeben, ob die Störung vornehmlich werktags, an Wochenenden oder zu ganz bestimmten Tagen auftritt)* in der Zeit von … *(Uhrzeit)* bis … *(Uhrzeit)* Uhr.

* Die Störungen erfolgen unregelmäßig. Eine beispielhafte Aufstellung habe ich beigelegt.

* Ein persönliches Gespräch mit den Verursachern blieb ohne Erfolg.

* Ich stelle fest, dass damit ein Verstoß gegen die Hausordnung vorliegt, die ich nicht hinnehmen muss und werde. Daher möchte ich Sie dringend ersuchen, auf die Beseitigung der Störungen hinzuwirken.

* Falls die Störungen nicht bis zum ... *(angemessene Frist einräumen und entsprechendes Datum einsetzen)* abgestellt sind, werde ich die Miete um einen angemessenen Betrag mindern. Ich werde Sie davon in einem besonderen Schreiben in Kenntnis setzen.

* Davon unabhängig werde ich mir vorbehalten, gegen ... *(Sie oder den Störer direkt)* eine Klage anzustrengen.

Mit freundlichen Grüßen

Unterschrift ... *(alle im Vertrag erwähnten Mieter)*

✉ Musterbrief: Mietminderung wegen Nachbarschaftsärger

Absender... *(alle im Mietvertrag genannten Personen)*

Datum ...

An den Vermieter

Durch Nachbarschaft bedingte Mängel an der Wohnung ...
(Lage, Wohnungsnummer)

Sehr geehrte Damen und Herren,

ich bewohne o.g. Wohnung. Seit dem ... *(Datum)* stellt sich die Situation im Haus wie folgt dar: ... *(detaillierte Beschreibung der Störungen durch Nachbarn, genaue Umstände, eventuell Namen angeben).*

Die geschilderten Umstände führen dazu, dass sich die Wohnung nicht mehr in einem vertragsgemäßen Zustand befindet, dies erklärt sich insbesondere durch … *(z. B. Lärmbelästigung usw.).*

Ich fordere Sie auf, den Mangel bis zum … *(Datum)* beseitigt zu haben. Zur Absprache von Besichtigungsterminen stehe ich Ihnen zur Verfügung in der Zeit von … Uhr bis … Uhr am … *(Tag).*

Telefonisch bin ich tagsüber zu erreichen unter der Nummer … und abends unter der Nummer …

* Die Wohnung ist seit Auftreten des Mangels nur vermindert nutzbar, sodass ein geringerer Mietzins in der Vergangenheit fällig war und in der Zukunft fällig sein wird. Ich lege eine Mietminderung von … Prozent zugrunde. Dieser Betrag ist nach der laufenden Rechtsprechung angemessen. Ich mindere die Miete in Zukunft bis zur Mangelbeseitigung in Höhe von monatlich … DM.

* Sollte es Ihnen nicht möglich sein, die Beeinträchtigungen abzustellen, werde ich eine Mietminderung vornehmen, die dem verminderten Gebrauchswert der Wohnung entspricht.

Mit freundlichen Grüßen

Unterschrift … *(wie Absender)*

✉ Musterbrief: Bestätigung des Nachbarn, dass man selbst nicht stört

Absender … *(Ihr Nachbar)* Datum …

An den Vermieter

angebliche Störungen des Hausfriedens durch …
(Ihr Name)

Sehr geehrte Damen und Herren,

ich bestätige Ihnen, dass die Mitmieter ... *(Ihr Name)* sehr angenehme Hausbewohner sind und den Hausfrieden in keiner Weise stören. Insbesondere kann ich die Vorwürfe von ... *(Name desjenigen, der Sie beschuldigt)* im Hinblick auf ... *(Vorwürfe beschreiben)* nicht bestätigen.

* Über die Strafbarkeit einer falschen eidesstattlichen Versicherung aufgeklärt, erkläre ich dies an Eides statt als richtig.

Mit freundlichen Grüßen

Unterschrift ... *(wie Absender)*

✉ Musterbrief: Bestätigung des Nachbarn, dass ein Mitbewohner stört

Absender ... *(Ihr Nachbar)* Datum ...

An den Mieter ... *(Ihr Name und Ihre Adresse)*

Störung des Hausfriedens in der Wohnanlage ...

Sehr geehrte Damen und Herren,

ich bestätige Ihnen, dass der/die Mieter ...
(Störenfried benennen)

den Hausfrieden in erheblicher Weise stört/stören. Insbesondere kann ich folgende Beeinträchtigungen bestätigen:
... *(möglichst genau beschreiben)*

* Über die Strafbarkeit einer falschen eidesstattlichen Versicherung aufgeklärt, erkläre ich dies an Eides statt als richtig.

Mit freundlichen Grüßen

Unterschrift ... *(wie Absender)*

✉ Musterbrief: Unterlassungs-/Handlungsaufforderung an den Nachbarn

Absender … Datum …

An den Mieter … *(alle im Vertrag erwähnten Mieter)*

Störung des nachbarschaftlichen Verhältnisses

Sehr geehrte Damen und Herren,

wie Ihnen bekannt ist, bewohne ich die folgend beschriebene Wohnung … *(genaue Angaben)* und bin Ihr Nachbar.

Für mich ist es ein unerträglicher Zustand, dass Sie … *(Störungen detailliert, aber freundlich beschreiben)*
Dieses Verhalten stört mich besonders, weil … *(Begründung, die erkennen lässt, dass Sie kein notorischer Nörgler sind, z. B. bei Ruhestörung darauf hinweisen, daß Sie Nachtschicht arbeiten).*

Ich fordere Sie auf,
* dieses Verhalten künftig zu unterlassen.
* die erforderlichen Handlungen bis zum … *(Datum)* vorgenommen zu haben.

Mit freundlichen Grüßen

Unterschrift … *(wie Absender)*

✉ Musterbrief: Zurückweisung einer Kündigung wegen angeblicher Vertragsverstöße

Absender … *(alle im Vertrag erwähnten Mieter)* Datum …

Einschreiben/Rückschein
An den Vermieter …

Ihre mir wegen … *(Begründung aus Kündigungsschreiben übernehmen)* **ausgesprochene Kündigung der Wohnung in …** *(Straße, Hausnummer, Ort)*

Sehr geehrte Damen und Herren,

mit Schreiben vom … *(Datum)* haben Sie unter Angabe der oben genannten Begründung für das zwischen uns bestehende Wohnraummietverhältnis zum … *(Datum)* die Kündigung ausgesprochen.

Ich widerspreche der Kündigung.

* Die von Ihnen angeführte Begründung entbehrt jeder Grundlage.

* Der von Ihnen angeführte Sachverhalt ist völlig falsch dargestellt. Richtig ist … *(beschreiben).*

* Der von Ihnen angeführte Sachverhalt stellt keine Begründung für einen so schwerwiegenden Schritt dar, wie er in der Kündigung zu sehen ist.

* Ich bedaure die von Ihnen dargestellten Ereignisse und kann Ihnen zusagen, dass es nicht zu einer Wiederholung kommen wird. Deshalb bitte ich Sie um Rücknahme der Kündigung, zumal es sich um den ersten Vertragsverstoß durch mich handelte und mir die möglichen Folgen nicht klar waren.

* Außerdem würde die Kündigung eine unzumutbare Härte darstellen, vor allem im Hinblick auf … *(hohes Alter, Krankheit, Schwangerschaft, soziales Umfeld usw.).*

* Als Bestätigung für die Richtigkeit meiner Angaben füge ich eine Erklärung meiner Nachbarn bei.

Mit freundlichen Grüßen

Unterschrift … *(wie Absender)*

⚖ Streit mit Nachbarn: wichtige Urteile und Entscheidungen zu Einzelfällen

Auto: Reparatur im Hof erlaubt
Nachbarn müssen es hinnehmen, wenn man sein Auto mangels anderer geeigneter Plätze zum gefahrlosen Arbeiten im Hof repariert, wenn dies nicht zu einer Lärmbelästigung führt (AG Saarbrücken, Aktenzeichen 36 C 199/90).

Badezimmer: Duschen immer erlaubt
Nachbarn müssen es hinnehmen, dass andere zu jeder Tages- und Nachtzeit in ihrer Wohnung duschen oder die Toilette benutzen. Nächtliche Duschbäder in einem hellhörigen Altbau müssen allerdings spätestens nach 30 Minuten beendet sein (OLG Düsseldorf, Aktenzeichen 5 Ss OWi 411/90 – OWi 181/90).

Ehekrach: Ruhestörung erst ab einer Stunde Dauer
Nachbarn müssen kurzfristige, lautstarke Auseinandersetzungen unter Ehegatten hinnehmen. Als Ruhestörung gilt der Krach erst, wenn er länger als eine halbe Stunde dauert (AG Köln, Aktenzeichen 302 Owi 904 Js 708/91).

Feiern: Rücksicht nehmen bei Gartenpartys
Ruhestörende Betätigung während der Nachtruhe (22 bis 6 Uhr) ist grundsätzlich verboten. Für ruhestörenden Lärm ist der Veranstalter einer Feier verantwortlich, auch wenn er ihn nicht selbst verursacht, sondern seine Gäste. Für die Feststellung reichen Zeugenaussagen aus, eine Messung des Geräuschpegels ist nicht erforderlich. Grillpartys können auch schon früher verboten werden, nämlich wenn es zu starker Qualmentwicklung kommt. Dringt Qualm in die Wohnungen unbeteiligter Nachbarn, so gilt das als erhebliche Belästigung (OLG Düsseldorf, 26.5.1995, Aktenzeichen 5 Ss (Owi) 149/95-(Owi) 79/95 I, veröffentlicht in WuM 1/96).

Hausordnung: Mieter können Nachbarn direkt verklagen
Nicht nur der Vermieter hat einen Anspruch auf Einhaltung der Hausordnung, sondern auch jeder Mieter kann gegenüber seinen Nachbarn darauf drängen. Mieter können, z. B. wenn sich der

Eigentümer um nichts kümmert, direkt gegen andere Mieter auf Unterlassung, Schadenersatz oder Schmerzensgeld (z. B. bei gesundheitlichen Störungen durch Lärm) klagen. Auch in anderen Fällen ist es nicht erforderlich, einen Umweg über den Vermieter zu gehen (AG Kassel, Aktenzeichen 451 C 480/95).

Lärm: keine Selbstjustiz
Fühlt sich ein Nachbar durch Kinderlärm aus einer anderen Wohnung in seiner Mittagsruhe gestört, darf er nicht mit gleicher Münze heimzahlen. Verursacht er nämlich seinerseits Lärm, um sich für die Störungen zu rächen, liegt verbotene Eigenmacht vor (AG Hamburg, 28.11.1995, Aktenzeichen 47 C 1789/95, veröffentlicht in WuM 4/96).

Lärm: Kinder dürfen Türen schlagen
Nachbarn müssen es hinnehmen, dass Kinder die Haus- oder Wohnungstüren auch mal lauter ins Schloss fallen lassen, wenn sie zum Spielen nach draußen gehen. Es kann von den Müttern nicht verlangt werden, immer hinter ihrem Kind zu stehen und die Tür leise ins Schloss zu drücken (AG Kassel, Aktenzeichen 872 C 855/91).

Ruhestörung: Anspruch auf Schmerzensgeld
Wer vom Nachbarn durch ein ständig zu laut gestelltes Fernsehgerät erheblich gestört wird und deshalb keine Nachtruhe findet, kann Schmerzensgeld verlangen. Voraussetzung: Die gesundheitliche Beeinträchtigung (für die es im verhandelten Fall 1000 DM gab) muss durch ein ärztliches Attest bestätigt werden (AG Dortmund, Aktenzeichen 122 C 6541/93 Ca 111/94).

Wohngebiet: Kinder dürfen laut sein
In einer verkehrsberuhigten Gegend kann es schon deshalb zum Nachbarstreit kommen, weil sich Anwohner über Kinderlärm beschweren. Doch auch wer extra in eine ruhige Gegend gezogen ist, kann Nachbarkindern nicht das laute Spielen verbieten (OLG Düsseldorf, Aktenzeichen 9 U 51/95).

Wenn Kinder Lärm machen, muss dies als naturgemäß hingenommen werden.

Zeitschaltuhr: Urlauber muss Nachbarn Bescheid sagen
Eine Zeitschaltuhr leistet gute Dienste, um während des Urlaubs mögliche Einbrecher in die Irre zu führen. Mit Lampen oder Fernse-

her verbunden, täuscht sie eine bewohnte Behausung vor. Verwendet man eine solche Zeitschaltuhr, sollte man tunlichst die Nachbarn informieren. Wenn diese wegen des von der Uhr in Gang gesetzten Fernsehers Unheil in der Wohnung vermuten und die Tür aufbrechen lassen, trägt der Urlauber zwei Drittel der Kosten (OLG Köln, Aktenzeichen 7 U 146/94 – 07/96).

KÜNDIGUNG: AUSZIEHEN MÜSSEN SIE NUR IM AUSNAHMEFALL

Eine Kündigung besteht im Prinzip nur aus der Erklärung „Unser Vertragsverhältnis soll enden". Damit der andere Vertragspartner sich darauf einstellen kann, liegt zwischen der Kündigung und dem Auszug ein bestimmter Zeitraum. Wie lang dieser Zeitraum sein muss, hängt von der bisherigen Laufzeit und der Art des Mietvertrags ab. Bei Mietverträgen über Wohnraum muss die Kündigung schriftlich erfolgen. Und sie muss den Kündigungsgrund nennen. Zusätzlich muss der Vermieter in seiner Kündigung schreiben, dass und wie der Mieter der Kündigung widersprechen kann. In bestimmten Ausnahmefällen gelten allerdings diese Schutzvorschriften nicht, so z. B., wenn es um Ferienwohnungen geht.

AUF EINEN BLICK: KÜNDIGUNGSFRISTEN

Entscheidend für die Kündigungsfrist ist immer, in welchen Abständen die Mietzahlung erfolgt. Die Übersicht bezieht sich auf die heute übliche monatliche Zahlweise.

Bestehen des Mietverhältnisses	**Beispiel: Kündigung 2.1.1998**	**Kündigungsfrist**
Bis fünf Jahre	Auszug bis 31.3.1998	knapp 3 Monate
Fünf bis acht Jahre	Auszug bis 30.6.1998	knapp 6 Monate
Acht bis zehn Jahre	Auszug bis 30.9.1998	knapp 9 Monate
Zehn und mehr Jahre	Auszug bis 31.12.1998	knapp 12 Monate

Von diesen Fristen darf ein Wohnungsmietvertrag zum Nachteil eines Mieters abweichen, wenn die Wohnung nur vorübergehend vermietet wurde. Eine Vereinbarung, wonach eine Kündigung nur zum Ablauf bestimmter Monate erlaubt wird, ist unwirksam.

Wenn der Vermieter unter dreimonatiger Kündigungsfrist versteht, dass Sie nur zum Quartalsende kündigen dürfen, irrt er sich.

⚡ BLITZÜBERSICHT: KÜNDIGUNGEN

Bei befristeten Mietverträgen
Bei maximal auf fünf Jahre befristeten Verträgen ist eine vorzeitige Kündigung normalerweise nicht möglich. Mieter und Vermieter sind an die vereinbarte Laufzeit gebunden. Wenn keiner etwas unternimmt, endet der Vertrag dann.

→

Achtung bei befristeten Mietverträgen:
Zulässig ist nur eine Befristung auf maximal fünf Jahre. Das wissen sogar manche Vermieter nicht. Bei Fristen von mehr als fünf Jahren gilt der Vertrag als unbefristet. Siehe Hinweise zu unbefristeten Mietverträgen Seite 131ff.

↓

Wenn Sie als Mieter unbedingt ausziehen wollen:
Das geht nur, wenn Sie einen Nachmieter finden, der zahlungsfähig ist und zu gleichen Bedingungen in den Vertrag eintritt.
Der Vermieter darf den Nachmieter nicht ohne Gründe ablehnen oder Forderungen stellen, die eine Nachmietersuche unmöglich machen (OLG München, Aktenzeichen 21 U 3072/94).

↓

Siehe Musterbriefe S. 133ff. sowie Urteile auf S. 140.

↓

Wenn Ihr Vermieter unbedingt will, dass Sie ausziehen:
Er hat nur die Möglichkeit, den Vertrag fristlos zu kündigen. Aber das ist gar nicht so einfach.

↓

Siehe Hinweise zu fristlosen Kündigungen Seite 136ff.

↓

Wenn Sie trotz des befristeten Mietvertrags die bisherige Wohnung behalten wollen:
Meist haben Sie gute Chancen, weiter wohnen bleiben zu können. Es hängt davon ab, ob der Vermieter eine qualifizierte Begründung oder nur ein Datum bei der Befristung des Vertrages angegeben hat.

↓ ↓

Wenn der Vertrag nur ein Datum enthält:
Dem Vermieter muss spätestens zwei Monate vor dem im Vertrag angegebenen Ablaufdatum schriftlich mitgeteilt werden, dass eine Verlängerung gewünscht wird.

↓

Siehe hierzu den Musterbrief auf Seite 135.

Wenn die Befristung klar begründet ist:
Wurde schon bei Vertragsabschluss Eigenbedarf als Grund für die Befristung angegeben oder ein Umbau der Wohnung und ist das wirklich der Fall, haben Sie wenig Aussicht auf Erfolg. Nur in Härtefällen und wenn Sie bereit sind, vor Gericht zu gehen, existiert unter Umständen eine kleine Chance.

Bei unbefristeten Mietverträgen

↓

Wenn Ihr Vermieter kündigen will:
Der Vermieter hat kaum Chancen, mit einer Kündigung durchzukommen, es sei denn, Sie verstoßen gegen Ihre vertraglichen Pflichten, oder er benötigt die Wohnung unbedingt selbst.

↓

Wenn Sie als Mieter kündigen wollen:
Eine Kündigung durch den Mieter ist immer möglich, wenn die Kündigungsfrist (siehe Seite 123) beachtet wird. Ein früherer Auszug ist nur dann möglich, wenn der Vermieter zustimmt.

↓

Kündigung wegen Vertragsverstoßes des Mieters:
Je nach Schwere des Verstoßes ist sogar eine fristlose Kündigung denkbar.
Mögliche Anlässe:
- Zahlungsrückstände von mehr als zwei Monatsmieten
- Störung des Hausfriedens, z. B. durch Verstöße gegen

↓

Kündigung wegen Eigenbedarf des Vermieters:
Der Vermieter muss nachweisen, dass er die Räume für sich selbst oder für Familienangehörige benötigt und den Verwendungszweck angeben. Außerdem muss er (spätestens vor Gericht) begründen, warum er zur Eigennutzung der betreffenden Wohnung keine

die Hausordnung (mutwillige Beschädigungen, Ruhestörungen), Tätlichkeiten bzw. schwere Beleidigungen gegen Mitmieter oder Vermieter • Unerlaubte Gebrauchsüberlassung, d. h. ungenehmigte Untervermietung, auch innerhalb der Familie • Zweckentfremdung der Mieträume, z. B. als Büro oder Prostituiertenabsteige	Alternative hat, er z. B. nicht in seiner alten bleiben kann. Es genügt nicht, wenn der Vermieter ohne Begründung nur angibt, er wolle kündigen, um in seiner eigenen Wohnung leben zu können. Bei umgewandelten Eigentumswohnungen darf frühestens nach zehn Jahren (regional unterschiedlich) gekündigt werden. Der Eigenbedarf muss nachgewiesen werden.

↓ ↓

Sie müssen der Kündigung des Vermieters widersprechen:
Mit dem Musterbrief weisen Sie die Kündigung des Vermieters zurück. Entweder schicken Sie den Brief per Einschreiben mit Rückschein, oder – noch besser – Sie lassen ihn von einem Boten abgeben. Der Vermieter muss Sie jetzt vor Gericht auf Räumung verklagen und beweisen, dass seine Kündigung berechtigt war.

➔ Siehe hierzu die Musterbriefe Seite 129ff.

↓

Ohne Gerichtsbeschluss müssen Sie nicht ausziehen – niemand darf Sie mit Gewalt hinauswerfen.
Weil die Unverletzlichkeit der Wohnung ein Grundrecht ist, kommt der Vermieter nur mit einem Räumungsurteil weiter. Lassen Sie sich nicht einschüchtern: Wenn er androht, Sie einfach so auf die Straße zu setzen, den Möbelwagen rufen und ein paar Schlägertypen engagieren will, können Sie die Polizei holen.

Wann darf der Vermieter kündigen?

Sofern keine Gründe vorliegen, die eine fristlose Vertragsbeendigung rechtfertigen (siehe S. 136f., muss der Vermieter folgende Vorschriften beachten:

- Die Kündigungsfristen müssen eingehalten werden.
- Der Vermieter muss ein „berechtigtes Interesse" nachweisen.

- Im Kündigungsschreiben muss dieses berechtigte Interesse eindeutig benannt werden.

Der Vermieter kann in einem Gerichtsverfahren nicht noch nachträglich überraschend sein „berechtigtes Interesse" benennen.

Der Vermieter kann ein **berechtigtes Interesse** geltend machen, wenn

- der Mieter sich Pflichtverletzungen zuschulden hat kommen lassen, die von einigem Gewicht sind, auch wenn sie eine fristlose Kündigung nicht rechtfertigen würden.
- er Eigenbedarf an der vermieteten Wohnung hat. Ist die Wohnung gerade erst verkauft worden, kann der neue Eigentümer seinen Eigenbedarf frühestens nach drei Jahren durchsetzen, zum Teil erst nach zehn Jahren. (Dies ist regional unterschiedlich.)
- die gegenwärtige Vermietung einer besseren Verwertung im Wege steht und er dadurch einen erheblichen Nachteil hat. (Darauf kann sich der Vermieter aber nicht schon dann berufen, wenn er durch eine Neuvermietung mehr Miete verlangen könnte. Und auch dann, wenn er das Haus verkaufen will und für freie Wohnungen mehr Geld bekommen würde, kann er kein berechtigtes Interesse geltend machen.)
- er neuen Wohnraum schaffen will. Beispielsweise kann der Vermieter den zu einer Wohnung gehörenden Dachboden kündigen, um darin neue Wohnungen einzurichten. Voraussetzung ist, dass er dafür eine Baugenehmigung erhalten würde, denn sonst ist das nur eine Schutzbehauptung, mit der er vor keinem Gericht bestehen würde.

Nun gilt aber auch hier das Prinzip, daß es „keine Regel ohne Ausnahmen" gibt:

Der Vermieter muss kein „berechtigtes Interesse" nachweisen, wenn er im selben Haus wohnt und dieses Haus insgesamt höchstens zwei Wohnungen hat. Auch wenn das Haus drei Wohnungen hat, kann der Vermieter ohne ein berechtigtes Interesse kündigen, wenn

- mindestens eine der Wohnungen nach dem 31.5.1990 durch einen Ausbau oder eine Erweiterung des alten Hauses entstanden ist, und
- der Vermieter schon bei Abschluss des Mietvertrags darauf hingewiesen hat, dass die Wohnung auch ohne Begründung gekündigt werden kann.

Und es gibt weitere Einschränkungen für den Kündigungsschutz. Eine Wohnung kann auch ohne berechtigtes Interesse gekündigt werden, wenn

- von vornherein nur vorübergehend (also befristet) vermietet worden ist,
- der Vermieter in derselben Wohnung wohnt und die vermieteten Räume möbliert zur Verfügung stellt,
- sie in einem Jugend- oder Studentenwohnheim liegt,
- es sich um ein Ferienhaus oder eine Ferienwohnung handelt, die vor dem 1.6.1995 vermietet wurde, wobei der Mieter darüber informiert wurde, dass die normalen Kündigungsbestimmungen nicht gelten, oder
- die Wohnung von einer öffentlichen Körperschaft angemietet und an Bedürftige abgegeben wurde, also z. B. von einer Gemeinde Asylbewerbern zur Verfügung gestellt wurde.

Von diesen Ausnahmen abgesehen gilt der gesetzliche Kündigungsschutz für alle Wohnungsmietverträge.

Kein Vertrag darf den Mieter schlechter stellen, als das Gesetz es erlaubt. Der Vermieter kann daher nicht verlangen, dass sich der Mieter pauschal mit einer künftigen Kündigung – aus welchen Gründen auch immer – einverstanden erklärt.

✉ Musterbrief: Zurückweisung einer Kündigung wegen Eigenbedarfs

Absender ... *(alle im Vertrag erwähnten Mieter nennen)*

Datum ...

Einschreiben/Rückschein
An den Vermieter ...

Ihre mir ausgesprochene Kündigung wegen Eigenbedarfs der Wohnung in ... *(Straße, Hausnummer, Ort)*

Sehr geehrte Damen und Herren,

mit Schreiben vom ... *(Datum)* haben Sie mir unter Hinweis auf Eigenbedarf für das zwischen uns bestehende Wohnraummietverhältnis zum ... *(Datum)* die Kündigung ausgesprochen.

Die ständige Rechtsprechung verlangt konkrete Nachweise für das Vorhandensein von Eigenbedarf, die eine Nachprüfung möglich machen. Ich bitte Sie deshalb darum, mir mitzuteilen

* welche Personen ganz konkret die Wohnung benötigen,
* in welchem Verwandtschaftsverhältnis diese Person zu Ihnen steht,
* ob es sich um eine von Ihnen als Arbeitgeber beschäftigte Person handelt,
* seit wann der Bedarf besteht,
* warum der Bedarf besteht,
* warum ganz konkret diese Wohnung benötigt wird,
* welche anderen Immobilien seit wann zu Ihrem Besitz gehören,
* wann eine andere Immobilie zuletzt neu vermietet wurde.

Im Hinblick darauf, dass diese Fragen bei Nichtbeantwortung gerichtlich im Zusammenhang mit einer von Ihnen einzureichenden Räumungsklage geklärt werden müssten, möchte ich Sie um zügige Beantwortung bitten.

Vorsorglich wird Ihrer Kündigung widersprochen. Dies geschieht,
* weil aus Ihrer Kündigung eine Begründung für den Eigenbedarf nicht hervorgeht.
* weil die Kündigung eine unzumutbare Härte darstellt, vor allem im Hinblick auf ... *(hohes Alter, Krankheit, Schwangerschaft, soziales Umfeld usw.).*

Mit freundlichen Grüßen

Unterschrift ... *(wie Absender)*

✉ Musterbrief: Zurückweisung einer Kündigung ohne Begründung

Absender ... *(alle im Vertrag erwähnten Mieter nennen)*

Datum ...

Einschreiben/Rückschein
An den Vermieter ...

Ihre mir ausgesprochene Kündigung der Wohnung in ...
(Straße, Hausnummer, Ort)

Sehr geehrte Damen und Herren,

mit Schreiben vom ... *(Datum)* haben Sie mir für das zwischen uns bestehende Wohnraummietverhältnis zum ... *(Datum)* die Kündigung ausgesprochen.

Die Mieterschutzgesetze und die ständige Rechtsprechung setzen strenge Maßstäbe an die Rechtswirksamkeit einer Kündigung. Diese Anforderungen sind in Ihrem Schreiben nicht erfüllt. Ich weise die Kündigung deshalb zurück und lege Widerspruch ein.

* Ferner teile ich Ihnen mit, dass ich die gesetzte Frist zum Auszug verstreichen lassen werde. Der Fristsetzung für die Räumung widerspreche ich.

* Vorsorglich mache ich darauf aufmerksam, dass ich von meinem Grundrecht auf Unverletzlichkeit der eigenen Wohnung Gebrauch mache und hierbei auf alle mir zur Verfügung stehenden rechtsstaatlichen Mittel zurückgreifen werde. Eine Verletzung der Wohnung durch Sie hätte strafrechtliche Folgen. Der guten Ordnung halber weise ich Sie auch darauf hin, dass die mir durch Abwehr einer unwirksamen Kündigung entstehenden Aufwendungen Schadenersatzansprüche gegen Sie auslösen können.

* Vorsorglich wird Ihrer Kündigung auch widersprochen, weil sie eine unzumutbare Härte darstellt, vor allem im Hinblick auf … *(hohes Alter, Krankheit, Schwangerschaft, soziales Umfeld usw.).*

Mit freundlichen Grüßen

Unterschrift … *(wie Absender)*

Befristete Mietverträge – zeitliche Begrenzungen gelten oft nicht

Was Sie bisher über zulässige Kündigungen gelernt haben, können Sie bei befristeten Mietverträgen sofort wieder vergessen: Befristete Mietverträge dürfen nur außerordentlich gekündigt werden. Eine normale Kündigung gibt es nicht.

Haben sich Mieter und Vermieter darauf geeinigt, dass die Wohnung für mehrere Monate oder ein, zwei oder maximal fünf Jahre gemietet werden soll, ist das ein befristeter Mietvertrag.

Entweder endet der Vertrag automatisch mit Ablauf der vereinbarten Zeit, oder der Vertrag verlängert sich mit Ablauf der vereinbarten Zeit automatisch um eine weitere Mietperiode.
Oft wird vereinbart, dass sich das Mietverhältnis nach Zeitablauf automatisch verlängert, wenn nicht einer der Vertragspartner rechtzeitig kündigt. Rechtzeitig heißt hier, dass die normalen Kündigungsfristen eingehalten werden müssen. Kommt die Kündigung zu spät, läuft der Mietvertrag eine Periode weiter.

Beispiel: Sie mieten eine Wohnung zum 1.6.1997 mit einer Laufzeit von einem Jahr. Der Mietvertrag endet also, wenn er rechtzeitig gekündigt wird, am 31.5.1998. Kommt die Kündigung am 7.4.1998 ist sie zu spät: Der richtige Kündigungstermin ist spätestens der dritte Werktag zwei Monate vor Mietablauf, hier also Mittwoch, 4.3.1998. Folge: Die Kündigung vom 7.4.1998 ist wirksam, aber nicht zum 31.5.1998, sondern erst zum 31.5.1999.

Zeitvertrag läuft ab – was tun, wenn Sie nicht ausziehen wollen?

In einer anderen großen Gruppe endet das Mietverhältnis automatisch zum vorgesehenen Termin, wenn es nicht rechtzeitig verlängert wird. Als Mieter in einem solchen Vertrag sollte man spätestens zwei Monate vor dem vereinbarten Vertragsende einen Brief schreiben und den Vermieter darin um eine Verlängerung des Mietvertrages bitten.

> Wenn auf Seiten des Vermieters keine wichtigen Gründe vorliegen, kann er sich gegen eine gewünschte Verlängerung kaum wehren.

Wichtig ist, dass Sie Ihre Bitte um Vertragsverlängerung rechtzeitig abschicken.

Beispiel: Wenn der Mietvertrag zum 31.5.1999 enden soll, muss Ihr Schreiben bis spätestens 31.3.1999 beim Vermieter sein.

Handelt es sich um eine sogenannte qualifizierte Befristung, so haben Sie mit Ihrer Bitte um Verlängerung schlechte Karten. Was heißt „qualifizierte Befristung"? Sie ist dann gegeben, wenn besondere Befristungsgründe dem Mieter beim Vertragsabschluss schriftlich mitgeteilt oder in den Vertrag selbst aufgenommen wurden. Diese besonderen Befristungsgründe sind

- der Eigenbedarf des Vermieters oder
- das Vorhaben des Vermieters, das Haus umzubauen oder zu renovieren, oder
- die Bindung der Wohnungsvermietung an einen Arbeitsvertrag, der beendet wird (Dienstwohnung).

Ist eine qualifizierte Befristung vorhanden, muss der Vermieter dem Mieter drei Monate vor Ablauf des Vertrages schriftlich mitteilen,

dass der ursprünglich vereinbarte Befristungsgrund immer noch besteht. Wenn er das versäumt, steht dem Mieter eine weitere dreimonatige Übergangsfrist zur Verfügung.
Handelt es sich nicht um eine qualifizierte Befristung kann der Vermieter eine Verlängerung fast nie verweigern. Wie die Verlängerung vorgenommen wird, ist Vereinbarungssache. Sie können sich entweder darauf einigen, dass das Mietverhältnis auf unbestimmte Zeit verlängert werden soll, oder auf eine weitere bestimmte Periode. Einen Anspruch auf ein unbefristetes Mietverhältnis haben Sie jedoch nicht. Wenn Sie es vor Gericht einklagen wollten, würden Sie sicherlich verlieren. Auch hier gibt es wieder eine Ausnahme: Wenn das Mietverhältnis für mehr als fünf Jahre eingegangen worden ist, d. h., wenn die vereinbarte Frist über 60 Monate beträgt, gilt der „befristete Vertrag" ohnehin als unbefristet.

✉ Musterbrief: Ankündigung einer Nachmieterlösung

Absender … *(alle im Vertrag als Mieter genannten Personen)*

Datum …

An den Vermieter …

Aufgabe der Mietwohnung … *(genaue Beschreibung, Straße, Hausnummer, Etage)*

Sehr geehrte Damen und Herren,

aufgrund besonderer Umstände soll das bestehende Mietverhältnis über die oben genannte Wohnung vorzeitig gekündigt werden.
Grund ist, dass … *(kurz beschreiben, z. B. beruflich bedingter Umzug oder Wohnraumknappheit wegen Familiengründung, Geburt).*

Der abgeschlossene Mietvertrag hat noch eine Laufzeit bis zum … *(Datum).*
Es wird deshalb angestrebt, Ihnen einen Nachfolgemieter zu stellen.

Zur Klärung der damit zusammenhängenden Fragen möchte ich Sie bitten, sich mit mir in Verbindung zu setzen.

Mit freundlichen Grüßen

Unterschrift … *(alle Mieter, siehe oben)*

✉ Musterbrief: Wohnungskündigung bei befristeten Verträgen/Nachmieternennung

Absender … *(alle im Vertrag erwähnten Mieter)*

Datum …

An den Vermieter …

Kündigung der Mietwohnung … *(genaue Beschreibung, Straße, Hausnummer, Etage)*

Sehr geehrte Damen und Herren,

das Mietverhältnis über die oben genannte Wohnung wird zum … *(Datum)* gekündigt.

Dieses Datum ist von Ihnen zu akzeptieren, weil Ihnen drei Ersatzmieter vergleichbarer Bonität und Sozialisierung gestellt werden. Es handelt sich dabei um:
… *(Ersatzmieter 1, Name, Anschrift)*
… *(Ersatzmieter 2, Name, Anschrift)*
… *(Ersatzmieter 3, Name, Anschrift)*

* Alle Personen haben sich bei Ihnen vorgestellt.
* Alle Personen sind gern bereit, sich bei Ihnen vorzustellen.

Hilfsweise kündigen wir die Wohnung gemäß der vertraglichen Kündigungsfrist entsprechend Ziffer … des Mietvertrages zum … *(Datum)*.

Hilfshilfsweise kündigen wir in der gesetzlichen Kündigungsfrist zum ... *(Datum).*

Mit freundlichen Grüßen

Unterschrift ... *(alle im Vertrag erwähnten Mieter)*

⌧ Musterbrief: Forderung nach Fortsetzung eines befristeten Mietverhältnisses (Zeitvertrag)

Absender ... *(alle im Mietvertrag aufgeführten Personen)*

Datum ...

Einschreiben/Rückschein
An den Vermieter ...

Fortsetzungsverlangen für den befristet vermieteten Wohnraum in ... *(Straße, Hausnummer, Ort)*

Sehr geehrte Damen und Herren,

das zwischen uns bestehende befristete Wohnraummietverhältnis läuft in mehr als zwei Monaten aus, nämlich zum ... *(Datum).*

* Ich bitte um die Fortsetzung des Mietverhältnisses, und zwar
* auf unbestimmte Zeit nach § 556 b BGB bzw. gemäß § 564 c Abs. 1 BGB.
* um ... *(Zahl in Worten angeben)* Jahre.

* Ich möchte Sie deshalb bitten, Ihr Einverständnis zu einer Verlängerung des Mietverhältnisses bis zum ... *(Datum)* schriftlich zu erklären.
* Die vertragsgemäße Beendigung des Mietverhältnisses würde für mich außerdem eine unerträgliche Härte bedeuten, die ich im Folgenden detailliert darlege: ... *(Gründe für Inanspruchnahme einer Härtefallregelung angeben).*

Mit freundlichen Grüßen

Unterschrift ... *(alle im Mietvertrag aufgeführten Personen)*

FRISTLOSE KÜNDIGUNG IST MÖGLICH: DIE AUSSERORDENTLICHE KÜNDIGUNG

Eine fristlose Kündigung ist die absolute Ausnahme.

Wer einen Vertrag schließt, baut darauf, dass der andere Vertragspartner ehrlich und zuverlässig ist. Stellt sich heraus, dass diese Bedingung nicht erfüllt ist, kann man sofort und ohne Rücksicht kündigen. Aber: Eine solche fristlose und außerordentliche Kündigung ist nur in den Fällen erlaubt, die ausdrücklich im Gesetz genannt sind.

Erlaubt ist eine **fristlose Kündigung durch den Mieter** nur, wenn

- der Vermieter den Gebrauch der Wohnung unmöglich macht, nicht rechtzeitig erlaubt oder später wieder entzieht. Bevor man kündigt, muss man dem Vermieter eine angemessene Frist setzen, innerhalb der die Wohnung (wieder) zur Verfügung stehen muss.
- die Wohnung die Gesundheit erheblich gefährdet. Dies gilt auch dann, wenn der Mieter die Gesundheitsgefahr schon beim Unterschreiben des Vertrags gekannt hat oder gar auf dieses Kündigungsrecht verzichtet hat.

Erlaubt ist eine **fristlose Kündigung durch den Vermieter** nur, wenn

- der Mieter die Wohnung nicht so nutzt, wie es vereinbart war. Ein solcher vertragswidriger Gebrauch liegt z. B. dann vor, wenn der Mieter in der Wohnung einen Gewerbebetrieb abwickelt, ohne dass er das dem Vermieter mitgeteilt hat. Besonders böse ist es, wenn der Mieter die Wohnung ohne Erlaubnis untervermietet oder die Bausubstanz gefährdet, indem er beispielsweise nicht dafür sorgt, dass nötige Reparaturen rechtzeitig durchgeführt werden. Allerdings muss der Vermieter vor der fristlosen Kündigung eine Mahnung schicken und eine angemessene Frist setzen, beispielsweise für die Beendigung der gewerblichen Betätigung in den vermieteten Räumen. Erst wenn nach dieser Frist nichts passiert ist, darf er den Mieter auf die Straße setzen.
- der Mieter zwei aufeinander folgende Monate lang keine Miete gezahlt hat oder wenigstens mit einem erheblichen Teil der Miete im Rückstand ist (Zahlungsverzug). Bei Wohnraummiete muss dieser Fehlbetrag mindestens eine Monatsmiete betragen.

- ein Mietrückstand besteht, der den Betrag von zwei Monatsmieten erreicht. Dies gilt dann, wenn der Betrag über längere Zeit zusammengekommen ist, und kommt oft vor, wenn der Mieter eine Minderung geltend macht, die vom Vermieter nicht anerkannt wird. Wenn der Vermieter also die Minderung nicht anerkennt, sollte man die Sache schnellstens gerichtlich klären lassen, denn sonst steht eine Räumungsverfügung ins Haus.

Eine **fristlose Kündigung durch Mieter oder Vermieter** ist möglich, wenn

- der jeweils andere seine vertraglichen Pflichten in großem Umfang verletzt. Das ist vor allem dann gegeben, wenn einer den Hausfrieden so nachhaltig stört, dass dem anderen nicht zugemutet werden kann, am Mietvertrag festzuhalten.

Streit um Kündigung und Auszug: wichtige Urteile und Entscheidungen zu Einzelfällen

Auszug: Bei Vorzeitigkeit muss der Mieter weiter zahlen

Der schlechte Wohnungsmarkt ändert nichts daran, dass der Mieter nicht vorzeitig ausziehen darf. Tut er es trotzdem, muss er bis zum Ablauf der Kündigungsfrist für die Miete aufkommen, es sei denn, er sorgt für einen akzeptablen Nachmieter (OLG Hamm, 22.8.1995, Aktenzeichen 30 RE-Miet 1/95, veröffentlicht in NJW-RR 1995, 1478).

Auszug: Kündigungsschutzurteil gilt für Vermieter und Mieter

Wer gegen eine Kündigung gerichtlich vorgeht und damit Erfolg hat, darf nicht nur in der Wohnung bleiben, sondern muss auch für die Miete aufkommen. Zieht der Mieter trotzdem zum ursprünglichen Kündigungszeitpunkt aus, ist das seine persönliche Angelegenheit. Er hätte sich ausdrücklich mit dem Vermieter über seinen Auszug einigen müssen, nur dann wäre er von seiner Zahlungspflicht freigekommen. Denn auch der Vermieter hat das Recht zu wissen, woran er ist (LG Mosbach, 6.6.1995, Aktenzeichen 1 S 4/95, veröffentlicht in NJW-RR 1995, 1417).

Auszug: nicht in jedem Fall volle Mietzahlung bis zum Vertragsende

Wenn der Mieter vor Ende des Mietvertrags auszieht und der Vermieter auch nur einen Teil der Wohnung selbst nutzt, muss der Vermieter bei der Miete einen Eigenanteil anrechnen. Im vorliegenden Fall hatte der Vermieter nach dem Auszug des Mieters das Badezimmer komplett saniert; er konnte daher vom Mieter nicht mehr die volle Miete verlangen (LG Gießen, 14.6.1995, Aktenzeichen 1 S 53/95, veröffentlicht in NJW-RR 1996, 264).

Eigenbedarf: Hinweispflicht des Vermieters

Wenn der Vermieter schon absehen kann, dass er die zu vermietende Wohnung innerhalb der kommenden fünf Jahre selbst braucht, muss er den Mieter darauf hinweisen. Wenn er das unterlässt, darf er wenigstens nicht aus diesem Eigenbedarf heraus kündigen. Das gebietet der übliche Vertrauensschutz, den der Mieter genießt (LG Hamburg, 9.7.1993, Aktenzeichen 311 S 34/93, veröffentlicht in NJW-RR 1994, 465).

Eigenbedarf: Vermieter muss nicht unter Wohnungsnot leiden

Eigenbedarf heißt nicht, dass der Vermieter selbst auf der Straße stehen muss, um Sie auf die Straße setzen zu dürfen. Es reicht schon, wenn er die Wohnung selbst nutzen will und dafür seine alte aufgibt – das ist sein gutes Recht als Eigentümer. Wenn er aber seine Absicht nicht ernst meint und Ihre Wohnung in Wahrheit nicht gebrauchen kann, ist seine Kündigung missbräuchlich und unwirksam (BVerfG, 11.11.1993, Aktenzeichen 1 BvR 696/93, veröffentlicht in NJW 1994, 309).

Eigenbedarf: Vermieter muss vorhersehbare Entwicklungen berücksichtigen

Kann der Vermieter schon beim Vertragsabschluss damit rechnen, dass sein Kind innerhalb der nächsten Jahre eine Wohnung braucht, sollte er keinen unbefristeten Mietvertrag abschließen. In dieser Konstellation liegt kein echter Eigenbedarf vor. Es bleibt daher beim unbefristeten und ungekündigten Mietvertrag (LG Hamburg, 25.9.1992, Aktenzeichen 311 S 156/92, veröffentlicht in NJW-RR 1993, 80).

Kündigung: Vermieter ist an Ersatzmieterklausel gebunden

Darf ein Ersatzmieter gestellt werden, kann der Vertrag schon von vornherein vorsehen, welche Ablehnungsgründe der Vermieter gegebenenfalls vorbringen kann. An diese Ablehnungsgründe ist der Vermieter dann gebunden. In diesem vom Bundesgerichtshof entschiedenen Streit durfte der Vermieter einen Ersatzmieter nur dann ablehnen, falls dieser zur Mietzahlung nicht fähig sein sollte. Bei dieser Klausel hätten sich die Parteien darüber unterhalten müssen, wie der Nachfolger seine finanzielle Leistungskraft beweisen würde. Einfach ablehnen durfte der Vermieter ihn nicht (BGH, 12.7.1995, Aktenzeichen XII ZR 95/93, veröffentlicht in NJW 1995, 3052).

Kündigungsgründe: Erklärung muss verständlich sein

Eine Eigenbedarfskündigung muss vernünftig und nachvollziehbar erklären, worin der behauptete Eigenbedarf besteht. Wenn sie das nicht schafft, also nicht vernünftig oder nicht nachvollziehbar ist, wirkt das Schreiben nicht als Kündigung. Der Mieter darf also die Wohnung behalten (OLG Köln, 29.6.1993, Aktenzeichen 9 U 237/92, veröffentlicht in NJW-RR 1994, 27).

Lebensgemeinschaft: nur gemeinsame Kündigung

Wenn zwei Leute eine Wohnung gemeinsam mieten, können sie auch nur gemeinsam kündigen. Trennen sich die Partner einer nichtehelichen Lebensgemeinschaft, kann der eine vom anderen verlangen, dass er oder sie der Wohnungskündigung zustimmt. Denn sonst müsste der auszugswillige Partner auf unbestimmte Zeit für die Miete aufkommen (LG Hamburg, 12.11.1992, Aktenzeichen 332 O 338/92, veröffentlicht in WuM 1993, 343).

Modernisierung: keine Kündigung wegen Widerspruchs

Wenn der Mieter eine Modernisierungsmaßnahme nicht duldet, kann ihn der Vermieter deswegen nicht auf die Straße setzen. Es ist des Mieters gutes Recht, sich gegen eine zu spät oder nicht richtig angekündigte Baumaßnahme zu wehren – schließlich müsste er mit einer Mieterhöhung rechnen (KreisG Görlitz, 21.8.1992, Aktenzeichen 7 C 314/92, veröffentlicht in WuM 1992, 589; ebenso AG Tempelhof-Kreuzberg, 12.6.1992, Aktenzeichen 6 C 155/92).

Nachmieter: Vermieter darf nicht schikanieren

Ein Vermieter darf einen Nachmieter nicht nach bloßem Gutdünken ablehnen. Auch wenn er nach dem Vertrag nicht verpflichtet ist, einen Nachmieter zu akzeptieren, muss er sich zumindest die Mühe machen, den Vorschlag ernsthaft zu prüfen. Lehnt er den Nachmieter „aus Prinzip" ab, um den Mieter zu schikanieren, muss dieser nicht mehr für die Miete aufkommen. Denn das ist eine unzulässige und unbillige Rechtsausübung (BGH, 29.4.1992, Aktenzeichen XII ZR 221/90, veröffentlicht in NJW-RR 1992, 1032).

Nachmieter: Vermieter darf sich nicht sperren

Der Vermieter muss sich mit dem Nachmieter einverstanden erklären, wenn mehrere Umstände zusammenkommen: Der Mieter muss zum einen besondere Gründe für den Auszug haben, und der vorgeschlagene Nachmieter muss zum anderen für den Vermieter akzeptabel sein. Wann die Motive für einen Auszug das Interesse des Vermieters am Bestand des Vertrags übersteigen, muss im Einzelfall geklärt werden (OLG Hamm, 22.8.1995, Aktenzeichen 30 RE-Miet 1/95, veröffentlicht in NJW-RR 1995, 1478).

Nachmieter: Gleiche wirtschaftliche Leistungsfähigkeit muss gegeben sein

Oft steht in einem Mietvertrag, dass der Vermieter einen Nachmieter aus wichtigem Grund ablehnen kann. Dann genügt es, wenn der Nachmieter wirtschaftlich nicht so leistungsfähig ist wie der alte Mieter. Darauf kann sich der Vermieter schon dann berufen, wenn auf Mieterseite bisher eine Personenmehrheit (z. B. eine Wohngemeinschaft) stand, die sich verändert. Bei gewerblichen Mietverträgen ist oft eine der Parteien eine Gesellschaft, z. B. eine GmbH. Wenn die Gesellschafter wechseln, verändert sich auch die wirtschaftliche Leistungsfähigkeit der GmbH. Damit kann sich der Vermieter auf einen wichtigen Grund berufen und den Nachmieter ablehnen (OLG Düsseldorf, 5.1.1995, Aktenzeichen 10 U 70/94, veröffentlicht in NJW-RR 1995, 9).

Renovierung: kein Kündigungsgrund

Will der Vermieter die vermietete Wohnung renovieren, gibt ihm das kein Kündigungsrecht. Er darf lediglich vom Mieter verlangen, die Wohnung vorübergehend zu räumen. Dann muss der Vermieter jedoch dem Mieter für die Dauer der Renovierung Ersatzräume stellen – oder sich zumindest an den Kosten für die Ersatzwohnung angemessen beteiligen (LG Konstanz, 24.5.1991, Aktenzeichen 1 S 49/91, veröffentlicht in WuM 1991, 689).

Schadenersatz: Unberechtigte Kündigung kann für den Vermieter teuer werden
Wenn eine Kündigung und Räumung vor Gericht keinen Bestand hat, kann der Mieter Schadenersatz verlangen. Der Vermieter muss u. a. sämtliche Umzugskosten und Aufwendungen für die Suche einer anderen Wohnung zahlen, bis hin zur Gebühr für die Ummeldung des Telefons (LG Karlsruhe, 25.8.1994, Aktenzeichen 5 S 185/94, veröffentlicht in DWW 95, 144).

Spekulation: nicht zu Lasten des Mieters
Wenn jemand eine vermietete Wohnung kauft, die mehr kostet als die Vermietung einbringt, ist dies allein noch kein Kündigungsgrund. Jedenfalls muss der Vermieter schon im Kündigungsschreiben erklären, weshalb er durch das Mietverhältnis an einer „angemessenen Verwertung" des Grundstücks gehindert sein will. Worauf er sich nicht berufen darf, ist die Möglichkeit, durch eine Neuvermietung mehr Geld zu bekommen: Weil der Vermieter schon vor dem Kauf hätte wissen können oder tatsächlich gewusst hat, dass die Wohnung ihn mehr kostet, als die Mietzahlungen einbringen, hat er sich einfach verspekuliert (LG München I, 18.12.1991, Aktenzeichen 14 S 7785/91, veröffentlicht in NJW-RR 1992, 520).

Überbelegung: kein Grund für eine fristlose Kündigung
Sieben Menschen auf 78 Quadratmetern sind kein Grund für eine fristlose Kündigung, auch wenn laut Vertrag höchstens fünf Leute einziehen dürfen (LG Kempten, 26.7.1995, Aktenzeichen 5 S 1276/95, veröffentlicht in NJW-RR 1996, 264).

Vertrauensverhältnis: bei Störung Kündigung
Ist das Vertrauen zwischen Mieter und Vermieter dauerhaft und endgültig gestört, kann der Vertrag erfolgreich fristgemäß gekündigt werden. Aber: Allein dass die beiden oft gegeneinander vor Gericht stehen, reicht nicht aus. Selbst dann können die Vertragspartner noch so viel Vertrauen zueinander haben, dass das Mietverhältnis nicht gestört ist (OLG Hamm, 5.6.1992, Aktenzeichen 30 U 305/91, veröffentlicht in NJW-RR 1993, 16).

AUSZUG: WORAUF MÜSSEN SIE ACHTEN, WAS DARF DER VERMIETER VERLANGEN?

SCHÖNHEITSREPARATUREN – MEISTENS MIETERSACHE

In fast allen Mietverträgen finden sich Vereinbarungen, nach denen der Mieter für Schönheitsreparaturen zu sorgen hat. Diese Arbeiten, die laut Vertrag fachgerecht (aber nicht zwingend von einem Fachbetrieb) auszuführen sind, umfassen

- das Anstreichen, Kalken oder Tapezieren der Wände und Decken,
- das Streichen der Fußböden und der Innenseiten von Fenstern,
- das Streichen der Türen und der Außentüren von innen sowie
- das Streichen der Heizkörper einschließlich der Heizungsrohre.

Schönheitsreparaturen sind spätestens nach Ablauf folgender Zeiträume auszuführen:

- in Küchen, Bädern und Duschen alle drei Jahre (die Innenanstriche der Fenster sowie die Anstriche der Türen, Heizkörper und Heizrohre spätestens alle vier Jahre),
- in Wohn- und Schlafräumen, Fluren, Dielen und Toiletten alle fünf Jahre,
- in anderen Nebenräumen alle sieben Jahre.

Der Mieter darf nur mit Zustimmung des Vermieters von der bisherigen Ausführungsart abweichen. Klartext: Ein bisher weißer Heizkörper sollte nicht schwarz lackiert werden. Der Vermieter könnte sonst auch vor Ablauf der genannten Renovierungsfristen nochmals einen Neuanstrich und die Wiederherstellung des vorherigen Zustands verlangen.

Für den Umfang der im Laufe der Nutzungszeit ausgeführten Schönheitsreparaturen ist der Mieter beweispflichtig. In einer solchen Mietvertragsklausel wird also fast alles, was im Laufe der Zeit einfach schlechter oder hässlicher wird oder kaputtgeht, dem Mieter aufgebürdet.

Im Gesetz (§ 548 BGB) heißt es zwar: Veränderungen oder Verschlechterungen der gemieteten Sache, die durch den vertragsmäßigen Gebrauch herbeigeführt werden, hat der Mieter nicht zu vertreten. Diese Vorschrift aber kann im Rahmen eines Vertrags eingeschränkt werden, sie ist nicht zwingend.
Das bedeutet jedoch nicht, dass sie von den Vertragspartnern völlig außer Kraft gesetzt werden darf. Es ist also nicht zulässig, daß der Vermieter eine vollständige und teure Renovierung in regelmäßigen Zeitabständen verlangt. Was er dagegen verlangen darf, sind kleinere Instandhaltungsarbeiten, für die das nötige Material nicht mehr als etwa 100 bis 150 DM kostet (siehe hierzu auch die Hinweise zu Reparaturen Seite 107ff.).

Wegen der fließenden Grenzen kommt es oft zu Meinungsverschiedenheiten und Streit. Lassen Sie sich nicht über den Tisch ziehen!

In der Praxis wird eine Renovierung zum Auszug fast immer fällig, wenn Mieter ihren Verpflichtungen während der Mietzeit nicht nachgekommen sind.

Alte Mietverträge: Was heißt „besenreine Übergabe"?

Falsch verstanden wird oft die noch in zahlreichen Altverträgen vorhandene Klausel, nach der bei Rückgabe der Wohnung an den Vermieter ein „besenreiner Zustand" ausreicht. Eigentlich heißt das, dass man die Wohnung nur sauber und geräumt übergeben muss.
Finden sich zur Häufigkeit von Schönheitsreparaturen aber klare Hinweise im Vertrag und sind die Renovierungen nicht innerhalb der festgelegten Zeiträume erfolgt, kann zusätzlich zum verlangten „besenreinen" Zustand das Nachholen der Schönheitsreparaturen gefordert werden.

Die Formulierung „besenreine Übergabe" bedeutet nicht, dass gar keine Schönheitsreparaturen fällig werden.

Unwirksam ist in jedem Fall eine Vereinbarung im Mietvertrag, nach der der Mieter ohne Rücksicht auf frühere Schönheitsreparaturen zur nochmaligen Ausführung verpflichtet wird.

Wer also gerade vor einem halben Jahr renoviert hat und dann ausziehen möchte, muss nicht erneut zu Farbeimer und Pinsel greifen. Es sei denn, die Wohnung befindet sich trotzdem schon wieder in einem sehr stark abgenutzten Zustand. Dann hätte der Vermieter einen Hebel in der Hand, doch erneute Verschönerungen verlangen zu können. Denn bei starker Beanspruchung gelten die als Regelsätze anzusehenden Fristen nicht, sondern verkürzen sich.

Weil im Einzelfall der genaue Zustand der Wohnung entscheidet, sind Urteile zu Einzelfällen auf andere Mietverhältnisse kaum übertragbar.

Wir haben deshalb in diesem Kapitel bewusst darauf verzichtet, Entscheidungen der Gerichte wiederzugeben. Hilfreicher ist es meist, sich selbstkritisch zu fragen, ob man in die geräumte Wohnung als Mieter einziehen wollte und dann ohne Schönheitsreparatur auskäme, oder einem Dritten diese Frage zu stellen. Nichts anderes geschieht nämlich auch, wenn die Sache zu einem Rechtsstreit führt.

Bitten Sie Freunde und Bekannte um eine neutrale Bewertung des Wohnungszustands.

Es kommt nicht darauf an, ob **Sie** meinen, der Zustand der Wohnung wäre einigermaßen in Ordnung. Entscheidend ist, ob dies auch von einem **unbeteiligten Dritten** so gesehen wird. Wenn dies nicht der Fall ist, und Sie ziehen vor Gericht, zahlen Sie doppelt: für die Schönheitsreparatur und für einen verlorenen Prozess.

Kaution: Wann wird wie abgerechnet?

Wird die Wohnung im vertragsgemäßen Zustand zurückgegeben, hat der Mieter Anspruch auf Rückzahlung der Kaution (Mietsicherheit) zuzüglich der Zinsen (siehe Seite 19f.).
Die Rückzahlung der Kaution muss spätestens innerhalb von sechs Monaten nach dem Auszug des Mieters erfolgen. Damit soll dem Vermieter eine angemessene Prüfungs- und Überlegungsfrist nach Beendigung des Mietverhältnisses gegeben werden. Er darf eventuell noch offene Ansprüche mit der Kaution aufrechnen – auch z. B. Forderungen aus Betriebskostenabrechnungen. Es ist aber in den

meisten Fällen unzulässig, die volle Kaution so lange zurückzuhalten, bis die letzte Betriebskostenabrechnung vorliegt.

Geld vom Vermieter: Abfindung für vorzeitigen Auszug

Weil es nahezu unmöglich ist, einen Mieter mit unbefristetem Vertrag aus der Wohnung zu bekommen, nur um sie beispielsweise teurer neu zu vermieten, bieten Vermieter zum Teil Aufhebungsverträge an. Diese können völlig frei gestaltet werden; meist vereinbaren sie

- den Zeitpunkt des Auszugs und
- die Höhe einer Geldzahlung.

Diese Geldzahlung ist der Ausgleich dafür, dass der Mieter auf die Geltendmachung seiner gesetzlichen Rechte in Sachen Kündigungsschutz verzichtet. Sinnvoll ist es, außerdem noch den

- Wohnungszustand zur Übergabe

festzulegen. Dabei sollte von der üblichen Praxis, dass der Vermieter dann auf Ausführung eventueller Schönheitsreparaturen verzichtet, nicht abgewichen werden.

Wie hoch eine Abfindung sein soll, ist nirgendwo festgelegt.

Was die Höhe der Abfindung betrifft, so helfen Faustregeln, die von fünf bis zehn Prozent des Wohnungswertes oder einer Jahresmiete ausgehen, in der Praxis kaum weiter. Denn letztlich ist in jedem Einzelfall entscheidend, welchen Wert der Auszug des Mieters für den Vermieter tatsächlich hat. Beim Verkauf einer vermieteten Eigentumswohnung z. B. muss der Verkäufer mit einem Preisabschlag von 10 bis 30 Prozent rechnen. In diesen Fällen wird noch am ehesten eine hohe Abfindung für den Auszug auszuhandeln sein. Bei angestrebter Neuvermietung zu einem höheren Preis dürfte die Zahlungsbereitschaft des Vermieters bereits deutlich geringer ausfallen.

Der Mieter sollte sich nicht durch die womöglich hohe Abfindungssumme blenden lassen, sondern eine Gegenrechnung aufmachen: Welche absehbaren Mehrbelastungen entstehen durch den eigentlich nicht gewollten Wohnungswechsel?

Unter wirtschaftlichen Gesichtspunkten macht der Mieter wohl meist ein schlechtes Geschäft bei einem Aufhebungsvertrag. Schon der Umzug zehrt einen Teil der Zahlung auf. Muss danach zu einem deutlich höheren Preis eine andere Wohnung gemietet werden, für die eventuell noch eine Staffelmiete vereinbart wird oder für die nur ein befristeter Mietvertrag angeboten wird, ist der Verlust an Sicherheit und Kalkulierbarkeit der künftigen Mietpreisentwicklung kaum durch Geldzahlungen aufzuwiegen. Aber wie gesagt: Der Abschluss solcher Vereinbarungen ist frei.

✉ Muster für einen Aufhebungsvertrag

Zwischen
… *(Name, Anschrift)* als Mieter und
… *(Name, Anschrift)* als Vermieter

wird der folgende

Vertrag über die Aufhebung des Mietverhältnisses

betreffend die Wohnung … *(genaue Beschreibung)* geschlossen. Grundlage des Mietverhältnisses ist der Mietvertrag vom … *(Datum)*.

Die Parteien kommen überein, dass abweichend von den Regelungen dieses Mietvertrages und eventuellen gesetzlichen Kündigungsrechten und -fristen der Mieter die Wohnung zum … *(Datum)* räumt und an den Vermieter zurückgibt.

Die Rückgabe aller Räume erfolgt
* besenrein, Schönheitsreparaturen sind vom Mieter nicht auszuführen.
* in folgendem Zustand … *(beschreiben, eventuelle Schönheitsreparaturen aufzählen)*.
* Folgende Einbauten des Mieters werden vor Übergabe der Wohnung an den Vermieter auf Kosten des Mieters beseitigt: … *(detailliert beschreiben)*.
* Einbauten des Mieters verbleiben in der Wohnung und gehen in das Eigentum des Vermieters über.

Für die Aufhebung des oben näher beschriebenen Mietvertrages zahlt der Vermieter an den Mieter einen Betrag in Höhe von ... DM bis spätestens ... *(Datum)* eingehend auf das Konto ... *(Nummer)* bei ... *(Geldinstitut, Bankleitzahl).*

* Außerdem wird die bei Abschluss des oben näher beschriebenen Mietvertrages hinterlegte Kaution des Mieters in Höhe von ... DM zuzüglich Zinsen in Höhe von ... DM bis zum ... *(Datum)* vom Vermieter auf das oben genannte Konto des Mieters überwiesen.

Die Wohnung wurde vor Abschluss dieses Vertrages von beiden Parteien besichtigt.

Mit der Unterzeichnung dieses Aufhebungsvertrages und Übergabe der Wohnung an den Vermieter sind alle gegenseitigen Rechte und Pflichten aus dem oben näher bezeichneten Mietverhältnis aufgehoben. Weitergehende Ansprüche bestehen nicht.

Ort, Datum ...

als Mieter ... *(Unterschrift)*

als Vermieter ... *(Unterschrift)*

Streit um den Auszug: wichtige Urteile und Entscheidungen zu Einzelfällen

Mietkaution: keine Sicherheit für Nebenkosten
Wer ein Mietverhältnis ordnungsgemäß beendet, hat Anspruch auf Rückzahlung der Mietkaution. Der Vermieter darf das Geld nicht als Sicherheit für die noch ausstehende Nebenkostenabrechnung einbehalten. Ausnahme: Es wurde vorher ausdrücklich vereinbart, dass die Mietkaution als Sicherheit geleistet wird, die bis zur letzten Abrechnung von Nebenkosten beim Vermieter bleibt (AG Regensburg, Aktenzeichen 8 C 3525/94).

Veränderung der Wohnung: Mieter hat Recht dazu

Wer eine Wohnung vermietet, erwartet, sie nach einer Kündigung mindestens in genauso gutem Zustand zurückzubekommen. Trotzdem darf ein Mieter in seiner Wohnung die Türen aushängen und Einbauschränke entfernen, wenn er sie für den Vermieter aufhebt und beim Auszug wieder einbaut. Ist der Mieter für Schönheitsreparaturen zuständig, kommt es auf die Reparaturklausel im Mietvertrag an: Sollen Wände gestrichen oder tapeziert werden, kann der Mieter entscheiden, was ihm lieber ist: Farbe oder Tapete. Der Vermieter kann nicht verlangen, dass die Wohnung nach der Mietzeit noch genauso aussieht wie vorher (LG Berlin, Aktenzeichen 67 S 351/94 – 02/95, veröffentlicht in WuM 3/1996, 138).

Verzinsung der Kaution: auch bei Altverträgen

Erst 1983 führte der Gesetzgeber die obligatorische Verzinsung der Mietsicherheit (maximal drei Monatsmieten) ein. Trotzdem muss der Vermieter auch eine Kaution verzinsen, die aufgrund eines älteren Mietvertrags hinterlegt wurde (LG Hamburg, Aktenzeichen 316 S 95/96 – 08/96).

Wohnungsräumung: Einige wenige Gegenstände dürfen noch in der Wohnung stehen

Wer aus einer Mietwohnung auszieht, muss sie im vertraglich vereinbarten Zustand und vollständig geräumt zurückgeben. Bleiben allerdings nur einige wenige, mit geringem Aufwand zu entfernende Gegenstände in der Wohnung zurück, so kann trotzdem von einer ordnungsgemäßen Rückgabe der Wohnung gesprochen werden. Der Vermieter kann deshalb nicht Anspruch auf weitere Mietzahlungen erheben (AG Köln, Aktenzeichen 207 C 587/94 – 12/95).

MIETPROZESSE VOR GERICHT: IHR ABLAUF UND IHRE KOSTEN

Jeder hat das Recht, sich gegen vermeintliche Verletzungen seiner Rechte zu wehren. Wenn sich der Vermieter nicht an Gesetze oder den Mietvertrag halten will, kann man ihn verklagen und die eigenen Ansprüche mit Hilfe des Staates durchsetzen. Mit einem Streit um Mietangelegenheiten landen Sie bei der zivilen Gerichtsbarkeit, je nach Höhe des Streitwertes (siehe Seite 159ff.) vor dem Amts- oder vor dem Landgericht. Die folgende Übersicht macht dies deutlich:

MIETSTREITIGKEITEN: DER WEG DURCH DIE ZIVILE GERICHTSBARKEIT

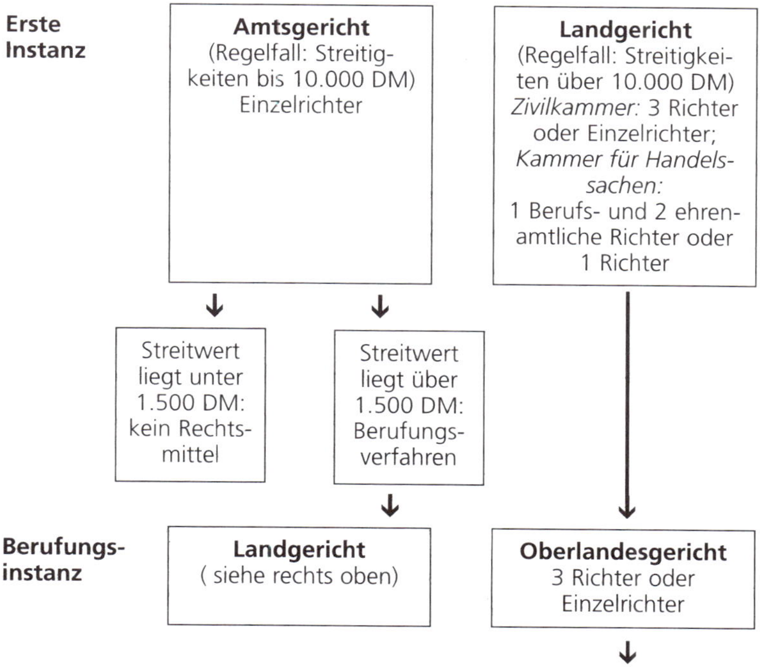

Revisions-instanz	Streitwert liegt über 60.000 DM oder Zulassung liegt vor: Revisionsverfahren ↓ **Bundesgerichtshof** 5 Richter (in Bayern auch das Bayerische Oberste Landesgericht)

Was Sie vor dem Zivilgericht durchsetzen können

- **Eine Handlung**; Beispiel: Ihr Vermieter soll endlich dafür sorgen, dass die Haustür abschließbar ist.
- **Eine Unterlassung**; Beispiele: Das Auto Ihres Nachbarn soll künftig nicht mehr auf Ihrem Parkplatz stehen; die Nachtruhe im Haus soll künftig nicht mehr gestört werden.
- **Eine Geldzahlung**; Beispiele: Ihr Vermieter soll endlich die zu viel bezahlten Nebenkosten erstatten oder nach dem Auszug die Kaution zurückzahlen.

Ob Sie nun Anspruch auf eine Handlung, eine Unterlassung oder eine Geldzahlung erheben – Sie müssen Ihren Anspruch selbst vor den Richter bringen, denn von allein passiert gar nichts. Um bei Gericht Erfolg zu haben, ist es vor allem erforderlich, keine Fehler zu machen. Und die fangen meist schon bei Terminen und Fristen oder dem Schriftverkehr an.

Ihr Schriftverkehr: Boten sind besser als das Faxgerät

Alle schriftlichen Unterlagen sind wichtige Beweisstücke. Sie belegen zum einen, dass bestimmte Abmachungen getroffen wurden, zum anderen, dass z. B. Fristen eingehalten wurden.
Kleine Nachlässigkeiten rächen sich. Leider kommt die Rache oft erst spät, nämlich dann, wenn man der Gegenseite vor Gericht

nachweisen muss, ihr einen bestimmten Brief zugestellt zu haben. Und dann ist es in der Regel zu spät.
Lesen Sie sich den folgenden Abschnitt sorgfältig durch, denn hier werden einige sehr verbreitete Irrtümer geklärt. Außerdem kann er im Zweifelsfall für Sie pures Geld bedeuten.

Schriftverkehr auf dem Postweg
Die per Post verschickte Einschreibsendung wird in ihrer Bedeutung und Beweiskraft völlig überschätzt. Vor Gericht hilft der Einlieferungsschein für das Einschreiben kaum weiter. Selbst die Rückscheine von Einschreiben beweisen in einem knallhart geführten Gerichtsprozess nur, dass dem anderen überhaupt etwas zugegangen ist. Sie beweisen aber nicht den Zugang des jeweils umstrittenen Schreibens, denn: Es hätte ja auch etwas ganz anderes in dem Briefumschlag stecken können.

Wenn Sie wichtige Schriftstücke haben, sollten Sie diese nicht mit der Post schicken, sondern durch einen Boten überbringen lassen.

Schriftverkehr durch Botenzustellung
Der Bote kann gegebenenfalls vor Gericht bezeugen, das Schreiben tatsächlich in den Briefkasten des Vermieters geworfen zu haben. Aber Vorsicht: Beauftragen Sie niemals jemanden als Boten, der mit Ihnen zusammen „im selben Boot sitzt", z. B. Ihren Ehepartner. Denn je nach Streitigkeit kann es sein, dass der andere durch die Verbindung mit Ihnen selbst Partei ist – und dann scheidet er als Zeuge aus. Der Zeuge muss übrigens auch schon beim Kuvertieren anwesend sein, um bestätigen zu können, dass sich in dem Umschlag auch wirklich das betreffende Schreiben befand.

Lassen Sie das Schreiben möglichst durch einen guten Freund überbringen.

Der besondere Bote: Mieten Sie einen Gerichtsvollzieher
Wenn Sie jemandem etwas schicken wollen und die Zustellung unter Umständen später hundertprozentig nachweisen müssen, ist die einzig wirklich sichere Methode der Gerichtsvollzieher. Sie schicken das Schriftstück, das zugestellt werden soll, direkt an den

zuständigen Gerichtsvollzieher oder an die Gerichtvollzieher-Verteilungsstelle beim zuständigen Amtsgericht für den Wohnort des Empfängers. Zusätzlich schreiben Sie noch einen freundlichen Brief, den sogenannten „Zustellungsauftrag“, der folgendermaßen aussieht:

Inhaltsbeispiel für einen Zustellungsauftrag
In der Angelegenheit ... *(Sache beschreiben)* überreichen wir als Anlage das Schriftstück ... *(Inhalt beschreiben)* und erteilen Ihnen den Auftrag, die Zustellung an den nachfolgend bezeichneten Adressaten durchzuführen ... *(Name und Anschrift des Empfängers)*. Die mit der Empfangsbestätigung versehene Zustellungsurkunde bitten wir zurückzureichen und die Zustellungskosten bei uns zu erheben.

Der zuständige Gerichtsvollzieher ist derjenige, der Ihrem Gegner am nächsten wohnt. Seinen Namen erfahren Sie aus dem Telefonbuch unter „Gerichtsvollzieher“, oder Sie rufen einfach das jeweils zuständige Amtsgericht an.

Der Gerichtsvollzieher ist ein guter, aber teurer Bote.

Die Zustellung durch Gerichtsvollzieher ist teuer und langsam. Eine Woche sollten Sie Zeit haben. Und es kostet Sie je nach Aufwand des Gerichtsvollziehers mindestens 10 DM, manchmal bis zu 50 DM – zuzüglich Nachnahmegebühr, denn der Gerichtsvollzieher zieht seine Kosten meist auf diese Weise ein. Dafür sind Sie aber auch in Flensburg sicher, dass Ihr Schreiben seinen Empfänger in einer bayerischen Almhütte erreicht hat, wenn Sie nicht einen Ihrer Bekannten als Boten verpflichten konnten. Außerdem: Besuch vom Gerichtsvollzieher macht viel mehr Eindruck.

Schriftverkehr per Fax oder Telex – Vorsicht ist angebracht!

Kurz vor einem Termin greifen viele gerne zum Faxgerät. Beim Empfänger kommt etwas schwarz auf weiß an, und das ist doch genauso gut wie ein Brief, meinen viele. Über das Sendeprotokoll sei, so ist häufig von Faxfans zu hören, der Zugang des Schreibens doch eindeutig zu beweisen.
Hier sollten Sie aufpassen: Bei einer Reihe von Rechtsgeschäften, beispielsweise beim Abschluss von Mietverträgen, werden immer

Originalunterschriften verlangt. Das Faxschreiben, das beim Empfänger eingeht, trägt jedoch nur eine Kopie von der Unterschrift und ist deshalb juristisch unwirksam (BGH, 28.1.1993, Aktenzeichen IX ZR 259/91).

Immer, wenn das Gesetz eine Schriftform nach § 126 BGB verlangt, genügt ein Fax nicht.

Bei der Ankündigung einer Mietminderung hingegen wäre ein Fax beispielsweise wieder ausreichend. Eine solche Ankündigung könnte ja sogar mündlich erfolgen.

Unser Rat an Sie: Versenden Sie in Mietsachen keine Faxe!

Dennoch müssen wir nach der ständigen Rechtsprechung von der Übermittlung per Fax oder Datenübertragung stark abraten, weil die Sendequittung ganz allgemein nicht mehr als ausreichender Beweis für den Zugang des Schreibens beim Empfänger angesehen wird. Die Sendequittung kann lediglich das Abschicken bezeugen – der Empfang kann aber beispielsweise aufgrund von technischen Schwierigkeiten gar nicht erfolgt sein, oder der Empfänger kann das Schreiben unvollständig erhalten haben (BGH, Aktenzeichen VIII ZR 153/93).

Wer dennoch nicht auf das Faxen verzichten will, sollte sein Faxe nur vom eigenen Faxanschluss oder bei der Post aufgeben. Wird es vom Faxgerät eines Dritten abgeschickt, kann es aus diesem Grunde schon Schwierigkeiten mit der Anerkennung des Zugangs geben. Außerdem sollte man vorsichtigerweise nach dem Prinzip „doppelt genäht hält besser" vorgehen: Ein wichtiger Brief wird zunächst per Fax abgeschickt, beispielsweise um eine Frist einzuhalten, und im Fax wird bereits angekündigt, dass dasselbe Schreiben noch einmal als Brief kommt.

In der Praxis empfehlen wir Ihnen folgendermaßen vorzugehen: Sie schreiben einen Brief entsprechend unseren Vorlagen und setzen oberhalb der Empfängeranschrift folgenden Zusatz ein: per Einschreiben/Rückschein – vorab per Fax gegen Sendeprotokoll an … *(Faxnummer des Empfängers)*.

Die Originalkopie des Schreibens sollten Sie dann natürlich zusammen mit der Sendekopie, die das Faxgerät ausdruckt, zu Ihren Unterlagen nehmen.

FRISTEN EINHALTEN – WAS BEDEUTET DAS GANZ KONKRET?

Auch Rechtsanwälte müssen täglich darüber nachdenken, ob eine bestimmte Frist heute oder morgen oder Anfang der kommenden Woche abläuft. Denn das BGB enthält ein paar fürchterlich kompliziert formulierte Paragraphen (§§ 186 bis 193), die die Fristen regeln. Merken Sie sich einfach folgendes:

Unklarheiten über die Dauer einer Frist sollten Sie möglichst rasch beseitigen.

- Bei **Ereignisfristen** beginnt, wie der Name schon sagt, die Frist ab einem Ereignis, häufig ab Zugang einer Mitteilung. Die Frist beginnt also, wenn der Brief in Ihrem Kasten liegt.
  Dabei gilt: Der erste Tag zählt nicht mit.
  Beispiel: Im Brief wird Ihnen eine 14tägige Frist gesetzt, und der Brief war am 15.7. in Ihrem Briefkasten. Dann ist die Frist am 29.7. um 24.00 Uhr abgelaufen, 23.59 Uhr liegt noch innerhalb der Frist.
- Bei **Terminfristen** beginnt die Frist an einem bestimmten Termin, einem bestimmten Datum, z. B. am 15.7.
  Dabei gilt: Der erste Tag zählt mit.
  Beispiel: Ihnen wird eine 14-tägige Frist ab dem 15.7. gesetzt. Dann ist die Frist am 28.7. um 24.00 Uhr abgelaufen, 23.59 Uhr ist noch innerhalb der Frist.
- **Sonderfälle:** Bei Ereignis- wie bei Terminfristen gilt: Ist der letzte Tag der Frist, während der ein Brief eingereicht oder eine Erklärung abgegeben werden soll, dummerweise ein Samstag, Sonntag oder Feiertag, dann läuft die Frist erst am Ende des darauffolgenden Werktags ab.
  Beispiel: Wenn der 28.7. aus unseren Beispielen ein Samstag ist, läuft die Frist in beiden Fällen erst am Montag 30.7. um 24.00 Uhr ab, der Montagabend um 23.59 Uhr liegt dann noch innerhalb der Frist.
  Aber: Im Rahmen einer privaten Vereinbarung können auch andere Vorstellungen zur Fristberechnung gelten. Es kommt darauf an, was im konkreten Umfeld allgemein üblich ist. Wenn beispielsweise für Ihren Vermieter der Samstag ein gewöhnlicher Werktag ist, dann dürfen Sie nicht damit rechnen, dass er den folgenden Montag noch für rechtzeitig hält.

Je früher Sie Unklarheiten über die Dauer einer Frist beseitigen, desto besser für beide Parteien. Tun Sie es nicht, so sehen Sie sich schlimmstenfalls vor Gericht wieder und müssen Gerichtskosten und Anwaltshonorare bezahlen.

WIE KOMMEN SIE MIT IHRER MIETSACHE VOR GERICHT?

Am einfachsten wäre es, sofort zu einem Anwalt zu gehen und ihn zu beauftragen, die Sache zu regeln. Aber Anwälte

- wollen für ihre Arbeit verständlicherweise Geld haben und
- leben davon, dass sich andere möglichst lange und ausdauernd streiten.

Und obwohl Anwälte verpflichtet sind,

- ihre Mandanten objektiv zu beraten und
- nicht auf ein möglichst hohes Honorar hinzuarbeiten,

könnte mancher schon einmal in Versuchung geraten, aussichtslose Verfahren durch die Instanzen zu treiben. Kurzum: In zahlreichen Fällen könnte auf die Einschaltung des Anwalts verzichtet werden.

Es gibt – von wenigen Ausnahmen abgesehen – keine Verpflichtung, sich vor Gericht durch einen Anwalt vertreten zu lassen. Auch die Einschaltung eines Gerichts kann ohne Anwalt erfolgen.

Faustregeln dafür, wann getrost auf den Juristen verzichtet werden kann, lassen sich nicht aufstellen. Denn ausschlaggebend dafür ist vor allem die Kompliziertheit des jeweiligen Falles.

Was ist zu tun, wenn Sie Geld vom Vermieter wollen?

Zunächst müssen Sie einen Anspruch auf eine bestimmte Geldsumme behaupten und beweisen können. Zuvor aber sollten Sie den Vermieter endgültig zur Zahlung auffordern.
Wichtig an dieser Aufforderung ist vor allem

- die genaue Bezeichnung der Geldforderung, worauf sie sich gründet, wie hoch sie ist und seit wann sie bereits besteht;
- die Aussage, dass das die allerletzte Aufforderung ist, bevor es zum Gericht geht.

Erst dann, wenn eine ernste Mahnung beim Schuldner eingegangen ist, ist er im Verzug.

- ein letzter Termin für eine freiwillige Zahlung. Dieser Termin muss angemessen sein – für eine Banküberweisung reicht eine Woche selten, dagegen sind vier Wochen schon großzügig.

Fehlt eines dieser Elemente, ist Ihr Schreiben keine verbindliche Mahnung, und Ihr Schuldner kann es getrost vergessen, ohne dabei irgendetwas zu riskieren.

Das bedeutet für Sie: Erst wenn der Schuldner von Ihnen eine verbindliche Mahnung erhalten hat,

- dürfen Sie Zinsen verlangen (mindestens vier Prozent);
- haftet der Schuldner auch für Fahrlässigkeit;
- wird der Schuldner schadenersatzpflichtig, falls Ihnen z. B. durch seine Verspätung ein günstiges Geschäft entgeht.

Diese allerletzte Frist nennen Juristen übrigens „Nachfrist", weil sie nach dem eigentlich vereinbarten Zahlungszeitpunkt liegt. Wenn Ihr Schuldner nach Ablauf der Nachfrist seine Schulden immer noch nicht bei Ihnen bezahlt hat, beantragen Sie einen gerichtlichen Mahnbescheid.

Für den Antrag müssen Sie ein Formular verwenden, das Sie bei Ihrer nächsten juristischen Fachbuchhandlung bekommen (meist in den Gelben Seiten zu finden). Es kostet etwa zwei bis fünf DM. Zum Teil gibt es die Formulare auch im Papierwarenhandel.

Im Formular müssen Sie noch einmal genau bezeichnen, woraus sich Ihre Forderung ergibt. Dann füllen Sie unter der Rubrik „**Hauptforderung**" aus, was Ihnen ursprünglich zusteht. Unter „**Nebenforderung**" tragen Sie ein, was bisher an Verzugszinsen, Portoauslagen usw. entstanden ist.

Das ausgefüllte Formular schicken Sie an das Amtsgericht Ihres Wohnorts, oder Sie geben es bei der zuständigen Stelle im Gericht ab. Der Rechtspfleger entscheidet dann, ob Sie das Formular richtig ausgefüllt haben. Wenn ja, wird der Bescheid Ihrem Schuldner gerichtlich zugestellt.

Erhebt Ihr Schuldner einen Widerspruch, wird ein richtiges Gerichtsverfahren eingeleitet, sofern Sie im Formular das entsprechende Feld angekreuzt haben. Wenn er nicht widerspricht, können Sie sofort die Vollstreckung beantragen.

Auch gegen den Vollstreckungsbescheid darf Ihr Gegner Einspruch einlegen. Wenn er das nicht tut, können Sie den Gerichtsvollzieher losschicken und Ihrem Schuldner das Konto sperren lassen.

Blitzübersicht: So kommen Sie per Mahnbescheid zu Ihrem Geld

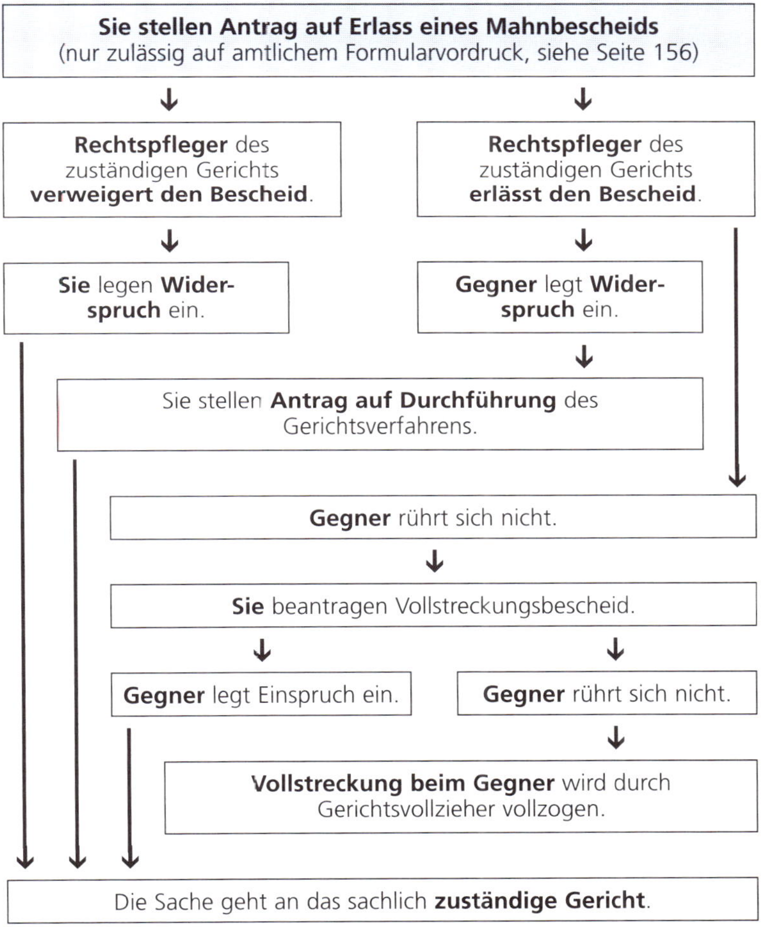

Ohne Klageschrift kein Gerichtsverfahren

Das Verfahren am Gericht beginnt immer mit einer sogenannten Klageschrift. Dieses Schreiben an das Gericht muss folgende Punkte enthalten:

- den Namen des Klägers und den Namen des Gegners mit Adressen;
- einen Antrag auf Verurteilung des Klagegegners zur Zahlung einer bestimmten Summe, zur Handlung, die bisher verweigert wurde (z. B. Heizungsreparatur), oder zur Unterlassung einer bestimmten Handlung;
- die Höhe etwaiger Nebenforderungen (Gebühren, Auslagen etc.);
- und schließlich – das ist ein wesentlicher Punkt der Klageschrift – die Begründung für den Antrag.

Was ist zu tun, wenn der Vermieter Sie verklagt?

Dass Ihr Vermieter gegen Sie vorgeht, merken Sie spätestens daran, dass Sie Post vom Gericht bekommen. Tun Sie damit Folgendes:

- Lesen Sie ganz genau, was der Vermieter von Ihnen will.
- Lesen Sie die Rechtsmittelbelehrung, die in jedem Schreiben enthalten sein muss.
- Überlegen Sie, was Sie dagegen tun können.

Bei einem Mahnbescheid prüfen Sie, ob der andere Recht haben könnte. Schulden Sie ihm wirklich Geld? Nur wenn die Antwort darauf „nein" lautet, ist es sinnvoll, Einspruch zu erheben. Um das zu tun, müssen Sie nur die entsprechenden Felder im Formular ausfüllen und an das Gericht zurückschicken. Dafür haben Sie ab dem Tag des Zugangs eines Mahnbescheides nur zwei Wochen Zeit.

Bei sonstigen Zahlungsklagen und Räumungsklagen sollten Sie sofort prüfen, ob das, was Ihnen da zur Last gelegt wird, Ihnen wirklich zur Last fällt. Haben Sie beispielsweise dem Vermieter wirklich mit der Faust ins Gesicht geschlagen, oder haben Sie tatsächlich drei Monate keine Miete gezahlt? Wenn nein, oder wenigstens nicht im behaupteten Umfang, dann müssen Sie mehr tun als einfach nur zum Gerichtstermin erscheinen. Dann müssen Sie sich verteidigen.

Diese Absicht erklären Sie gegenüber dem Gericht. Dazu verfassen Sie entweder selbst ein relativ formloses Schreiben, in dem Sie weiteren Sachvortrag ankündigen, oder Sie lassen das Ihren Anwalt erklären. Wenn Sie ohne Anwalt auskommen wollen, schreiben Sie z. B. Folgendes:

Inhaltsbeispiel für eine Klageerwiderung
Der von ... *(Kläger)* in der Klage wegen ... *(Klagegrund)* gegen mich erhobene Anspruch besteht dem Grunde nach nicht. Ich beabsichtige, mich dagegen zu verteidigen. Die Begründung der Klageerwiderung bleibt einem besonderen Schreiben vorbehalten.

Die Fristen für die Klageerwiderung gehen in der Regel aus dem Schreiben hervor, mit dem das Gericht Ihnen die Klage zustellt und Sie zur Erwiderung auffordert.

JEDER PROZESS KOSTET GELD: DIE GERICHTSKOSTEN

Richter und Rechtspfleger wollen auch leben und bekommen ein staatliches, je nach Instanz auch ein stattliches Gehalt. Alle Briefe und Urteile dieser Richter müssen getippt und verschickt werden. Das alles kostet Geld. Die Verwaltungskosten sind vom Kläger oder vom Beklagten oder manchmal auch von beiden zu zahlen, je nachdem, wie der Prozess ausgeht (siehe Seite 171f.).

Wenn die Verwaltung Kosten hat, holt sie sich dieses Geld von den Verursachern wieder.

Es werden aber nicht die echten Kosten erhoben, denn das könnte bei kleinen Streitereien dazu führen, dass die Kosten höher würden als das, worum es eigentlich geht. Der echte Aufwand wird deshalb auf alle Verfahren umgelegt. So kommen Tabellen zustande, die unterschiedlich hohe Gerichtskosten vorsehen, je nach der Höhe des Streitwerts.
Nach dem Streitwert wird aber bloß der Wert einer Gebühreneinheit bestimmt. Je nach Aufwand werden mehrere Gebühreneinheiten erhoben. Normalerweise wird die erste fällig, wenn das Verfahren eröffnet wird. Weitere Einheiten werden fällig, wenn das Verfahren endet. Mit vielen Einheiten ist natürlich dann zu rechnen, wenn die Richter Urteile mit Begründung schreiben müssen, also viel Arbeit mit dem Verfahren haben.
Zu den reinen Gerichtskosten hinzu kommen noch die Auslagen: Wenn Sie der Gegenseite eine Mitteilung machen müssen,

schicken Sie das mit zwei Durchschlägen ans Gericht. Ein Durchschlag kommt in die Gerichtsakte, der andere wird vom Gericht an Ihren Gegner geschickt. Diese Versendungskosten müssen dem Gericht erstattet werden.

So berechnen sich die Gerichtskosten

Gebühreneinheit(en) (je teurer die Handlungen desto mehr Einheiten) multipliziert mit dem **Wert einer Gebühreneinheit** (je höher der Streitwert desto teurer die Gebühreneinheit)
\+ **Auslagen**
\+ **Schreibkosten**
\+ **Sonstiges**

Wie der Streitwert berechnet wird

Anwälte neigen dazu, in Zivilverfahren möglichst viel Geld zu fordern, weil diese Forderung den Streitwert bildet, nach dem sich ihr Honorar richtet. Achten Sie darauf, und wehren Sie sich frühzeitig dagegen, wenn Sie die Prozesskosten in Grenzen halten wollen!

Der Streitwert wird vom Gericht festgesetzt, „nach billigem Ermessen", heißt es im Gesetz. Das bedeutet, dass das Gericht versucht, bei der Festsetzung gerecht zu sein. Dabei gibt es folgende gesetzliche Vorgaben:

Streit um ...	Streitwert
Besitz oder Eigentum einer Sache	Der Wert dieser Sache (Zeitwert)
Mietdauer, Pachtzeit	Die Miete oder Pacht, die in der umstrittenen Dauer angefallen ist oder anfallen würde. **Obergrenze:** die Jahresmiete oder -pacht
Unterlassungs-, Handlungs- oder andere Angelegenheiten, die keinen Vermögenswert haben	Der Betrag, den der Richter nach freiem Ermessen festsetzt. Er hat sich dabei an den wirtschaftlichen Verhältnissen und der Bedeutung der Angelegenheit für die Beteiligten zu orientieren. **Obergrenze:** zwei Millionen DM

Übersicht zu den Gerichtsgebühren in DM

Streitwert bis ...	Wert einer Gebühreneinheit (Anl. 2 zu § 11 Abs. 2 GKG)	Gebühr für das Mahnverfahren (½ Gebühreneinheit)
600	50	25,00
1.200	70	35,00
1.800	90	45,00
2.400	110	55,00
3.000	130	65,00
4.000	145	72,50
5.000	160	80,00
6.000	175	87,50
7.000	190	95,00
8.000	205	102,50
9.000	220	110,00
10.000	235	117,50
12.000	265	132,50
14.000	295	147,50
16.000	325	162,50
18.000	355	177,50
20.000	385	192,50
25.000	430	215,00
30.000	475	237,50
35.000	520	260,00
40.000	565	282,50
45.000	610	305,00
50.000	655	327,50
60.000	715	357,50

Typisches Gebührenbeispiel für einen Streitwert von 8.000 DM

Erste Instanz: Prozess inklusive Mahnverfahren und Endurteil	höchstens 3 Gebühreneinheiten	615,00 DM
Mahnverfahren	½ Gebühreneinheit	102,50 DM
Bei Klagerücknahme vor Ende der mündlichen Verhandlung	1 Gebühreneinheit	205,00 DM
Beim abschließenden Vergleich (ohne Urteil)	1 Gebühreneinheit (statt 3)	205,00 DM
Berufung insgesamt	höchstens 4,5 Gebühreneinheiten	922,50 DM
davon Verfahren allein	1,5 Gebühreneinheiten	307,50 DM
davon Endurteil mit	3 Gebühreneinheiten	615,00 DM
Bei Rücknahme der Berufung vor Festlegung eines Beweistermins	½ Gebühreneinheit	102,50 DM
Revision insgesamt	höchstens 5 Gebühreneinheiten	1025,00 DM
davon Verfahren allein	2 Gebühreneinheiten	410,00 DM
davon Endurteil mit Begründung/Beschluss	3 Gebühreneinheiten	615,00 DM
Bei Rücknahme der Revision, bevor die Revisionsbegründung bei Gericht eingegangen ist	½ Gebühreneinheit	102,50 DM

Auch wenn Sie diese Tabelle nur überflogen haben, wird Ihnen aufgefallen sein: Es gibt ziemlich viele Gebührensätze für die verschiedenen Verfahrenshandlungen – und auch noch Alternativen zu den in der Tabelle dargestellten Zusammensetzungen. Am besten orientieren Sie sich einfach anhand der Obergrenzen:

- erste Instanz 3,0 Gebühreneinheiten
- Berufung zusätzlich 4,5 Gebühreneinheiten (7,5 Gebühreneinheiten insgesamt)
- Revision zusätzlich 5,0 Gebühreneinheiten (12,5 Gebühreneinheiten insgesamt)

Daran können Sie in etwa abschätzen, ob Ihre Angelegenheit den Prozess lohnt. Wenn es sich beispielsweise um eine Angelegenheit handelt, die dem Zuständigkeitswert nach drei Instanzenzüge erlaubt, müssen Sie, wenn der Prozess tatsächlich durch alle Instanzen geht, am Ende immerhin mit 12,5 Gebühreneinheiten rechnen. Diese Einheiten muss derjenige zahlen, der den Prozess verliert (siehe Seite 171f.).

Bei Streitigkeiten unter 600 DM beispielsweise würden schon in der ersten Instanz bis zu 150,00 DM Gerichtskosten anfallen. Die Anwaltshonorare kommen hier selbstverständlich noch hinzu! Ein Mahnbescheid alleine kostet Sie dagegen bloß 25,00 DM. Das sind die Unterschiede, die Sie berücksichtigen sollten, wenn Sie gerichtlich gegen jemanden vorgehen wollen.

Wie teuer wird es, wenn ich zum Anwalt gehe?

Die Juristen dürfen nicht einfach verlangen, so viel sie wollen.

Alle Anwälte arbeiten nach der Bundesrechtsanwaltsgebührenordnung. Eine normale Beratung beim Anwalt kostet zwischen 20 und höchstens 350 DM.

Will der Anwalt ein höheres Honorar verlangen, so muss er vorher eine schriftliche Honorarvereinbarung mit Ihnen abschliessen.

Wenn man zum Anwalt geht, sollte man sich für alle seine Tätigkeiten, die über den ersten Rat hinausgehen, das Kostenrisiko erklären lassen.

Nicht nur die Gerichtskosten, sondern auch die Anwaltskosten bestimmen sich nach dem Streitwert.

Was darunter zu verstehen ist, haben wir bereits bei den Gerichtskosten ausführlich erklärt.

- Der Streitwert kann, wie Sie dort schon erfahren haben, der Betrag sein, um den direkt gestritten wird, weil er z. B. in einem Vertrag steht, den man anfechten will.
- Der Streitwert kann sich aber auch nach fortlaufenden Zahlungen, z. B. nach der Jahresmiete für eine Wohnung, richten.

Im Zweifelsfall sagt Ihnen der Anwalt, welcher Streitwert in Ihrem Fall maßgebend ist.

Ehe Sie auch in scheinbar klaren Fällen selbst kalkulieren und sich verrechnen: Fragen Sie den Juristen.

Ist der Streitwert bekannt, können die Anwaltskosten den folgenden Tabellen entnommen werden. Hinzu kommen noch geringe Auslagenpauschalen und 15 Prozent Mehrwertsteuer. In den neuen Bundesländern gelten teilweise geringere Gebühren.

Die in der Tabelle genannten Beträge sind entsprechend dem tatsächlichen Verlauf des Verfahrens gegebenenfalls zu addieren. Fordert ein Anwalt z. B. in einem oder mehreren Schreiben von der Gegenseite 480 DM, so kostet das 37,50 DM zuzüglich Auslagen und Mehrwertsteuer. Wird die Sache mit der Gegenseite besprochen, kommt die Besprechungsgebühr noch dazu. Und einigt man sich dann durch gegenseitiges Nachgeben auf die Zahlung von 350 DM, kommt eine Vergleichsgebühr dazu.

Anwaltsgebühren (in DM) bei außergerichtlicher Vertretung

Streitwert	Gebühren für Bearbeitung Schriftwechsel	Gebühren für Besprechungen mit der Gegenseite	Gebühren für einen Vergleich
600	37,50	37,50	75,00
1.200	67,50	67,50	135,00
1.800	97,50	97,50	195,00
2.400	127,50	127,50	255,00
3.000	157,50	157,50	315,00
4.000	198,80	198,80	397,50
5.000	240,00	240,00	480,00
6.000	281,30	281,30	562,50
7.000	322,50	322,50	645,00
8.000	363,50	363,50	727,50
9.000	405,00	405,00	810,00
10.000	446,30	446,30	892,50
20.000	708,80	708,80	1.417,50
30.000	828,80	828,80	1.657,50
40.000	948,80	948,80	1.897,50
50.000	1.068,80	1.068,80	2.137,50
100.000	1.593,80	1.593,80	3.187,50
500.000	3.168,80	3.168,80	6.337,50

Anwaltsgebühren (in DM) bei gerichtlicher Vertretung

Streitwert	Gebühren für Klage-fertig-stellung	Gebühren für Ver-handlung vor Gericht	Gebühren für Beweis-aufnahme	Gebühren für Ver-gleich vor Gericht
600	50,00	50,00	50,00	50,00
1.200	90,00	90,00	90,00	90,00
1.800	130,00	130,00	130,00	130,00
2.400	170,00	170,00	170,00	170,00
3.000	210,00	210,00	210,00	210,00
4.000	265,00	265,00	265,00	265,00
5.000	320,00	320,00	320,00	320,00
6.000	375,00	375,00	375,00	375,00
7.000	430,00	430,00	430,00	430,00
8.000	485,00	485,00	485,00	485,00
9.000	540,00	540,00	540,00	540,00
10.000	595,00	595,00	595,00	595,00
20.000	945,00	945,00	945,00	945,00
30.000	1.105,00	1.105,00	1.105,00	1.105,00
40.000	1.265,00	1.265,00	1.265,00	1.265,00
50.000	1.425,00	1.425,00	1.425,00	1.425,00
100.000	2.125,00	2.125,00	2.125,00	2.125,00
500.000	4.225,00	4.225,00	4.225,00	4.225,00

LOHNT ES SICH, EINEN ANWALT ZU NEHMEN?

Je einfacher der Fall, desto weniger brauchen Sie einen Anwalt. Je komplizierter der Fall, desto eher brauchen Sie einen Anwalt. Aber woran merkt man, dass ein „Fall" schwierig oder einfach ist?
Ganz einfache Angelegenheiten sind z. B.

- Mahnverfahren gegen Menschen, die Ihnen etwas schulden oder

- normale Genehmigungsverfahren vor Behörden (z. B. bei Umbauten) oder
- das Widerspruchsverfahren bis zur Klageerhebung.

Wenn Sie sich entscheiden müssen, ob Sie vor Gericht gehen, sind Sie bei der öffentlichen Rechtsberatung richtig aufgehoben.

Wenn Sie sich aber völlig überfordert fühlen und beispielsweise selbst nach der Lektüre dieses Buches nicht verstehen, was man von Ihnen will, dann sollten Sie sich beraten lassen. Auch wenn Sie meinen, Ihre Schriftsprache wäre für den amtlichen Briefverkehr überhaupt nicht ausreichend, lassen Sie sich besser professionell beraten. Dazu müssen Sie sich aber nicht unbedingt an einen Anwalt wenden, für erste Erklärungen ist immer die öffentliche Rechtsberatungsstelle Ihres Wohnorts geeignet. Die öffentlichen Rechtsberatungsstellen verdienen an Ihren Rechtsfragen gar nichts. Dort kann man Ihnen beispielsweise auch sagen, ob eine Klage überhaupt nötig und sinnvoll ist.

Hilfen vom Staat: Recht nicht nur für den, der Geld hat

Auch ohne dickes Bankkonto soll jeder in der Lage sein, um sein Recht kämpfen zu können. Wer arm ist und sich einen Prozess oder den Gang zum Anwalt nicht leisten kann, hat folgende Möglichkeiten: Er kann sich an die öffentliche Rechtsberatung wenden und/oder Prozesskostenhilfe beantragen.

Öffentliche Rechtsberatung steht jedermann zur Verfügung. Sie wird von den Bundesländern in unterschiedlicher Form angeboten. Manchmal handelt es sich um eine feste Einrichtung mit geregelten Sprechstunden (Telefonbuch), manchmal gibt es einen Gutschein, mit dem man zum Anwalt gehen kann, in manchen Gemeinden befindet sich auch an einem bestimmten Tag ein Anwalt bei Gericht, der dann dort aufgesucht werden kann. Informationen darüber, wie das an Ihrem Wohnort geregelt ist, erteilen die Anwaltskammer, die Amtsgerichte oder die Gemeinde-, Kreis- bzw. Stadtverwaltungen.

Prozesskostenhilfe besteht entweder aus einem Ratenkredit oder aus einer Sozialleistung. Die Höhe des Ratenkredits, der mit maximal 48 Monatsraten abzuzahlen ist, hängt vom Einkommen oder

Vermögen des Antragstellers ab. Wird eine Sozialleistung gewährt, werden die Gerichtskosten und unter Umständen die Anwaltskosten vollständig vom Staat übernommen. Allerdings deckt auch die Sozialleistung nicht alle Kosten ab, die Ihnen aus dem Prozess entstehen können.

Schadenersatz, Schmerzensgeld, Geldstrafen und ähnliche Dinge müssen Sie in jedem Fall selbst zahlen.

Auch die – vollen – Gebühren des gegnerischen Anwalts müssen Sie übrigens zahlen, wenn Sie den Prozess verlieren.

So können Sie Prozesskostenhilfe erhalten

Die Prozesskostenhilfe (PKH) wird auf Antrag gewährt. Diesen Antrag reichen Sie zusammen mit der Klage oder dem Widerspruch bei Gericht ein. Bevor sich der für Sie zuständige Richter um die Sache kümmert, entscheidet er über den PKH-Antrag. Nur wenn der Richter meint, Sie könnten Recht bekommen, gewährt er Prozesskostenhilfe. Derselbe Richter prüft Ihre Klage also zweimal: zuerst oberflächlich, um über Ihren PKH-Antrag zu entscheiden; dann gründlich, nämlich im eigentlichen Prozess.

Was der Richter zu prüfen hat, ist die Erfolgsaussicht Ihrer Klage.

Für den Antrag brauchen Sie ein Formular, das Sie entweder vom Gericht anfordern können oder von Ihrem Anwalt erhalten.

Vorsicht mit der Beratung durch einen Anwalt: Wenn das Gericht es nicht für nötig hält, dass Sie einen Anwalt einschalten, bleiben Sie auf den Kosten für eine erste Beratung sitzen. Dies ist auch dann der Fall, wenn Sie sich den Anwalt eigentlich nicht leisten können.

Das PKH-Antragsformular enthält folgende Fragen, die Sie natürlich wahrheitsgemäß beantworten müssen:

- Um was für eine Klage geht es? Wie hoch ist der Streitwert?
- Welche Zeugen/Urkunden können Sie vorbringen, um Ihre Ansprüche zu beweisen?
- Wie ist Ihr Familienstand? Wie ist es um die Familienverhältnisse bestellt (Zahl der Kinder)?

- Was für einen Beruf üben Sie aus, wie hoch ist Ihr Einkommen?
- Wie sehen Ihre Vermögensverhältnisse (Erbschaften, Grundeigentum etc.) aus?
- Welche besonderen Lasten (Unterhaltsverpflichtungen, Grundstückslasten) haben Sie zu tragen?

Das Gericht kann Sie nach Eingang des PKH-Antrags auffordern, Unterlagen und Belege zu Ihren Vermögens- und Familienverhältnissen vorzulegen. Gelingt Ihnen das nicht, wird der Antrag auf Prozesskostenhilfe natürlich abgelehnt.

Sobald der PKH-Antrag bei Gericht eingegangen ist, wird Ihr Gegner um eine Stellungnahme gebeten. Sofern er daraufhin einlenkt und einen Vergleich anbietet, können Sie sich ohne einen Prozess einigen. Lenkt er nicht ein, so entscheidet der Richter über Ihren Antrag. Er wird Ihren Antrag

- ganz ablehnen, wenn keine Erfolgsaussicht besteht,
- teilweise ablehnen, wenn eine Erfolgsaussicht nicht in dem Umfang besteht, in dem Sie Prozesskostenhilfe beantragt haben, oder
- annehmen, wenn Erfolgsaussicht besteht.

Anschließend wird er entscheiden, ob Sie die Prozesskostenhilfe als Kredit oder als Geschenk des Staates bekommen. Das hängt – wie gesagt – von Ihren Vermögensverhältnissen ab.

Prozesskostenhilfe wird nur gewährt, soweit die Angelegenheit nach Auffassung des Richters auch Aussicht auf Erfolg hat.

Wenn Sie z. B. 7.000 DM fordern und der Richter meint, Sie würden nur in Höhe von 3.500 DM gewinnen, dann gewährt er Prozesskostenhilfe nur für ein Verfahren über 3.500 DM. Sie können sich dann überlegen, ob Sie in Ihrer Klage entsprechend weniger einfordern oder riskieren, dass Sie im Falle einer Niederlage (siehe Seite 171f.) die Gerichts- und Anwaltskosten für den Restbetrag doch selbst aufbringen müssen.

Wie viel eigenes Geld müssen Sie für Gerichtskosten aufwenden?

Wenn das Gericht Prozesskostenhilfe bewilligt, dann muss es zuvor feststellen, wie viel von Ihrem Einkommen oder Vermögen für Gerichtskosten aufgewendet werden kann.

Von Ihrem Einkommen werden abgezogen:

- Steuern, Pflichtversicherungen u.ä.; hier wird so vorgegangen wie bei der Berechnung eines Sozialhilfeanspruchs (§ 76 Abs. 2 und Abs. 2a BSHG),
- Jeweils 64 Prozent des Grundbetrags nach § 79 Abs. 1 BSHG für Sie und Ihren (unterhaltsberechtigten) Ehepartner, 45 Prozent davon für weitere Personen, denen Sie Unterhalt schulden,
- Kosten für Unterkunft und Heizung, soweit die Wohnung Ihren Vermögensverhältnissen angemessen ist, sowie
- besondere Belastungen.

Im Einzelfall kann sich aus den Vorschriften ergeben, dass selbst bei einem Nettoeinkommen von 5000 DM noch Anspruch auf Prozesskostenhilfe besteht.

Beispielrechnung für Prozesskostenhilfe

Nettoverdienst (nach Abzug von Steuern und Sozialversicherungsbeiträgen)	3.200,00
abzüglich Selbstbehalt für den Antragsteller*	– 659,84
abzüglich Selbstbehalt für seine (nicht berufstätige) Ehefrau*	– 659,84
abzüglich Selbstbehalt für ein minderjähriges (nicht berufstätiges) Kind*	– 463,95
abzüglich Kaltmiete plus Heizung, hier konkret	– 734,40
abzüglich besondere Belastungen	– 0,00
Was der Kläger für Gerichtskosten einzusetzen hat	**681,97**
* bei Erwachsenen 64 % des Grundbetrags aus dem Sozialhilferecht, für Kinder 45 %, hier auf Basis der am 1.1.1998 geltenden Sätze für die alten Bundesländer.	

Wenn das Ergebnis dieser Rechnung, das sogenannte einzusetzende Einkommen, (derzeit) 30 DM übersteigt, müssen die Gerichtskosten mit einer monatlichen Rate abbezahlt werden. Man zahlt grundsätzlich so lange, bis die Kosten abbezahlt sind, niemals aber mehr als 48 Monatsraten. Wie hoch die Rate sein muss, steht wieder im Gesetz, nämlich in § 115 der Zivilprozessordnung:

Einzusetzendes Einkommen bis DM	Monatsrate in DM	Einzusetzendes Einkommen bis DM	Monatsrate in DM
30	0	900	310
100	30	1000	350
200	60	1100	400
300	90	1200	450
400	120	1300	500
500	150	1400	550
600	190	1500	600
700	230	1500 plus X	600 plus X
800	270		

Sofern unser Beispielsarbeitnehmer also nicht noch ein nennenswertes Vermögen hat, zahlt er zur Deckung der Prozesskosten monatlich 230 DM, bis die Kosten an den Staat erstattet oder 48 Monate vorüber sind.

Was Sie in punkto Prozesskostenhilfe beachten müssen

- Beantragen Sie die Prozesskostenhilfe rechtzeitig, also entweder vor oder gleichzeitig mit Einreichung der Klage. Wenn Sie die Klage oder den Mahnbescheid zur Niederschrift im Gericht erklären, dann sollten Sie auch darauf hinweisen, dass Sie Prozesskostenhilfe beantragen wollen.
- Sagen Sie Ihrem Anwalt, dass Sie kein Großverdiener sind. Dann muss er dafür sorgen, dass der PKH-Antrag rechtzeitig beim Gericht eingeht, sonst macht er sich schadenersatzpflichtig.
- Rechnen Sie damit, dass das Gericht Ihnen keinen Anwalt zugestehen will. Das gilt gerade dann, wenn für das Verfahren kein Anwalt vorgeschrieben ist und die Rechtsprobleme einfach sind. Wird Ihr Gegner allerdings von einem Anwalt vertreten, wird das Gericht wohl auch für Ihre Anwaltskosten Prozesskostenhilfe gewähren.
- Für jede Instanz muss ein neuer Antrag gestellt werden. Denn anders als der Richter im ersten Verfahren kann der Richter der zweiten Instanz Ihre Erfolgsaussichten für sehr gering halten. Ohne Aussicht auf Erfolg gibt es aber keine Prozesskostenhilfe.

- Bessert sich Ihre wirtschaftliche Lage, kann das Gericht die PKH aufheben.
- Prozesskostenhilfe muss nicht für die ganze Klage gewährt werden. Manchmal wird Kostenerstattung nur für einen Teil des Prozesses gewährt, beispielsweise für einen niedrigeren Streitwert oder nur für einen von mehreren Anträgen.

Vor dem Prozess: Eventuell gewährt der Staat Beratungshilfe
Schon bevor es zum Prozess kommt, können Sie sich anwaltlich beraten lassen und dafür beim örtlichen Amtsgericht Beratungshilfe beantragen. Einzige Voraussetzungen hierfür sind:

- Sie sind nach den Grundsätzen der Prozesskostenhilfe „richtig arm". Das müssen Sie dem zuständigen Beamten oder Rechtspfleger erklären und unter Umständen beweisen.
- Die Beratungshilfe darf nicht mutwillig beantragt werden.
- Ihnen ist es nicht möglich, auf andere Weise Hilfe zu bekommen, z. B. deshalb, weil es an Ihrem Wohnort keine öffentliche Beratungsstelle gibt.

Wenn Sie noch nicht bei einem Anwalt waren, stellt Ihnen das Amtsgericht einen „Berechtigungsschein" aus. Mit diesem Schein gehen Sie zu einem Anwalt Ihrer Wahl und zahlen eine einmalige Gebühr von 20 DM. Und selbst auf diese Gebühr kann der Anwalt je nach Ihren wirtschaftlichen Verhältnissen verzichten.

DIE GESAMTKOSTEN EINES GERICHTSVERFAHRENS: WER MUSS SIE ZAHLEN?

Sie wissen mittlerweile, dass sich die Gesamtkosten eines Prozesses aus verschiedenen Posten zusammensetzen:

- Kosten für den eigenen Anwalt,
- Gerichtskosten und Kosten der Beweisaufnahme, z. B. für Zeugen und Gutachter, Reisekosten sowie
- Kosten für den Anwalt der Gegenseite.

Der Verlierer muss zahlen – aber oft verlieren beide
Die Kosten für die Rechtsverfolgung müssen von der Gegenseite getragen werden, wenn diese schuldhaft die Ursache für den Rechtsstreit gesetzt hat. Im Klartext: Der Verlierer zahlt.

Oftmals ist es so, dass nicht eine Seite allein die Schuld trifft.

Juristen nennen den Kompromiss vor Gericht einen Vergleich.

Dann werden die Kosten gequotelt, also aufgeteilt. Das könnte passieren, wenn Sie zwar berechtigt waren, eine Mietminderung vorzunehmen, aber zu viel Geld einbehalten haben. In diesem Fall könnte vor Gericht ein Kompromiss geschlossen werden. Für den Richter hat ein solcher Vergleich eine Reihe von Vorteilen, so z. B., daß er kein Urteil schreiben muß.

Auch für Sie kann ein Vergleich Vorteile haben:

- Er kann für Sie günstiger ausfallen als ein Endurteil durch den Richter.
- Es fallen geringere Gerichtsgebühren und Anwaltskosten an.
- Die Angelegenheit ist schneller erledigt – bis zum Endurteil können sonst noch Monate vergehen.
- Und: Normalerweise wird die Sache nicht noch einmal vor einer höheren Instanz aufgerollt, was wieder Kosten und Zeitaufwand bedeuten würde.

Aber ein Vergleich heißt auch, dass Sie in jedem Fall einen Teil der entstandenen Kosten tragen müssen. Der Richter wird eine Kostenentscheidung treffen, die sich am Inhalt des Vergleichs orientiert. Wenn Sie z. B. auf 30 Prozent Ihrer Forderung verzichten, müssen Sie 30 Prozent der Gerichtskosten tragen und die Kosten Ihres Anwalts normalerweise zu 100 Prozent, also alleine. Zusätzlich müssen Sie natürlich das zahlen, was Sie im Vergleich zugesagt haben. Angenommen, Sie haben eine Mehrzimmerwohnung gemietet und haben die Mietzahlung von 1000 DM im ersten Monat ganz verweigert, weil ein Teil der Wohnung wegen einer Leckage im Dach zunächst unbenutzbar war. Der Vermieter hat Sie daraufhin auf Zahlung der Monatsmiete verklagt. Auf Vorschlag des Richters schließen Sie mit Ihrem Vermieter den Vergleich, dass die Mietzahlung für den ersten Monat nur 300 DM betragen soll. Dann muss der Vermieter 70 Prozent und Sie müssen 30 Prozent der gesamten Verfahrenskosten tragen.

Ein normaler Mensch fragt sich spätestens jetzt, wieso die Angelegenheit überhaupt zum Gericht ging. Einen solchen Vergleich hätte man auch sofort abschließen können. Ohne Anwaltskosten, ohne Gerichtskosten und ohne Zeitaufwand für die Verhandlungen …

Abkürzungsverzeichnis

Gerichte

AG	Amtsgericht
BayObLG	Bayerisches Oberstes Landesgericht
BFH	Bundesfinanzhof
BGH	Bundesgerichtshof
BVerfG	Bundesverfassungsgericht
KG	Kammergericht (nur Berlin)
KreisG	Kreisgericht
LG	Landgericht
OLG	Oberlandesgericht
VGH	Verwaltungsgerichtshof

Gesetze und Entscheidungssammlungen

BGB	Bürgerliches Gesetzbuch
BGBl.	Bundesgesetzblatt
BGHZ	Entscheidungssammlung in Zivilsachen des Bundesgerichtshofes
BSHG	Bundessozialhilfegesetz
GKG	Gerichtskostengesetz
MHG	Gesetz zur Regelung der Miethöhe
StGB	Strafgesetzbuch
WiStrG	Wirtschaftsstrafgesetz

Fach- und sonstige Zeitschriften

AIZ	Allgemeine Immobilienzeitung
DtZ	Deutsch-Deutsche Rechtszeitschrift
DWW	Deutsche Wohnungswirtschaft
MDR	Monatszeitschrift für Deutsches Recht
NJW	Neue Juristische Wochenschrift
NJW-RR	NJW-Rechtsprechungsreport Zivilrecht
WuM	Wohnungswirtschaft und Mietrecht
ZMR	Zeitschrift für Miet- und Raumrecht

sonstige Abkürzungen

Abs.	Absatz
AGB	Allgemeine Geschäftsbedingungen
Anl.	Anlage
Bl	Blatt
n.F.	neue Fassung
PKH	Prozesskostenhilfe
Rn	Randnote
Rs	Rechtssache
Slg	Sammlung

REGISTER

Recht als Mieter – die CD-ROM zum Buch

Diese CD-ROM stellt Ihnen die wichtigsten Briefe und Urteile sowie ein elektronisches BGB zur Verfügung.

Die Systemvoraussetzungen
Für den einwandfreien Betrieb der CD-ROM benötigen Sie folgende Ausstattung:

- IBM PC oder kompatibler ab 80386 Prozessor, Pentium empfohlen
- 4 MB RAM Hauptspeicher, 8 MB RAM empfohlen
- Windows 3.1x, Windows 95 empfohlen
- CD-ROM-Laufwerk
- Maus
- Bildschirmauflösung 640x480 bei 256 Farben, TrueColor oder HighColor empfohlen

Die Installation
In Windows 3.1x öffnen Sie das Datei-Menü im Programm-Manager und wählen *Ausführen* an.
In Windows 95 wählen Sie *Start/Ausführen*. Dann geben Sie die Kennung Ihres Laufwerks, gefolgt von SETUP.EXE an.
Beispiel: D:\SETUP.EXE. Drücken Sie <Eingabe>. Der Rest erfolgt interaktiv.
Nach der Installation existiert eine neue Programmgruppe bzw. ein neuer Eintrag in *Start/Programme,* betitelt mit SÜDWEST. Darin finden Sie das Programm »Miete«. Klicken Sie es doppelt an (bzw. einfach in Windows 95).

Nach dem Start
Zunächst müssen Sie Ihre persönlichen Daten, also Ihre Adresse, eingeben. Danach haben Sie auf dem Hauptbildschirm folgende Auswahlmöglichkeiten:

- *Anmeldung* – Hiermit ändern Sie Ihre persönlichen Daten.
- *Musterbrief* – Mit dieser Funktion rufen Sie eine Textverarbeitung mit Musterbriefen aus dem Buch auf.
- *Musterurteile* – Ein Klick ruft die Musterurteil-Datenbank auf.
- *BGB* – Startet das elektronische BGB.
- *Beenden* – Hiermit verlassen Sie das Programm.

Wichtige Funktionen im Musterbrief-Bildschirm

- *Neuer Brief* – Mit dieser Funktion beginnen Sie ein neues Dokument. Wenn Sie in der dann erscheinenden Auswahl auf „(gespeicherte Briefe)" klicken, können Sie alte Briefe erneut laden. Mit „(freier Brief)" öffnen Sie ein neues Dokument ohne Mustervorlage.
- *Briefkopf füllen* – Diese Funktion setzt Ihre persönlichen Daten als Briefkopf ein.
- *Text einfügen* – Wenn Sie in der Musterurteil-Datenbank einen Text kopiert haben, wird er durch diese Funktion wieder eingesetzt.

Wichtige Funktionen im Musterurteile-Bildschirm

- *Kopieren* – Kopiert das momentan sichtbare Musterurteil in die Zwischenablage.
- *Suchmaske* – Öffnet die Suchmaske auf der rechten Bildschirmseite. Hier können Sie bis zu drei mit UND/ODER verknüpfte Suchworte eingeben. Tip: Mit der Ausklappliste „Kategorie" können Sie die Suche auf bestimmte Themen einschränken.
- *Suche starten* – Startet die Suche.

Die Software auf dieser CD-ROM wurde mit größter Sorgfalt zusammengestellt. Durch die Vielfalt der möglichen PC-Konfigurationen können wir Fehlfunktionen in Einzelfällen nicht ausschließen. Wir machen Sie deshalb darauf aufmerksam, dass wir keine Haftung für Schäden übernehmen, die durch den Einsatz der Software entstehen. Dies gilt auch für Folgeschäden auf Grund der Installation dieses Programms. Weiterhin gilt das Installations- und Nutzungsrecht nur für Computer, die dem Eigentümer dieses Buches gehören. Jedes weitere Nutzungsrecht, die Verwertung in Medien, Zusammenstellungen oder die Aufführung von Werkteilen bleibt vorbehalten. Bei Anfragen an den Verlag nennen Sie bitte immer den Produktnamen und das Stichwort „Software-Support".